参加型社会宣言

PARTICIPATORY SOCIETY DECLARATION

上からではなく下から。外側からではなく内側から。遠くからではなく近くから。全体からではなく個人から。制度からではなく思いから。アルゴリズムからではなくライブから。組織からではなくバンドから。権威からではなく親しみから。多数からではなく少数から。

新しい時代の流れは、明治維新から150年続いた日本近代の方法論と全く逆の方向から、

ものになる。新しい社会建設の方向を「参加型社会」と名付けよう。

新型コロナウイルスの猛威によって、ピラミッドのように築き上げられた社会が崩れ、一人

とりが石のかけらになる。次の時代は、石のかけらをつなげることで、新しい、私たちの大地

生まれる。石は、一人ひとりの意志である。

2020年、世界を覆った暗雲の中で、それぞれの人が気がついたこと、発見したことが、

たちの資産だ。いつか、晴れた青空の下で、みんなの思いをつなげた世界を築こう。

2020年　春　橘川

高山英男さんの魂に捧ぐ

目次

第二編　企画書集

第一章　ネット

第二章　出版

第三章　金融

まえがき

２０２０年。社会の構造が停止した。

私たちは、今、むきだしの時代の上で生活している。

社会とは、人類の歴史の時間の流れの上に形成された幻想のコミュニティである。時の流れの上で、そこに生きた多くの祖先や先達の体験や発見や知恵や技術を形にしながら、最適な生活環境としての社会を築いてきた。人は、胎児から子ども、子どもから大人になり、社会建設の一翼を担ってきた。社会は時代の大きな流れの上を推進する巨大クルーズ船のようなものである。

２０２０年の新型コロナウイルスの渦は、世界の人々を凍りつかせた。進化の頂点で完全無欠にすべてを制御出来ると思っていた人類が、微細なウイルスに蹂躙されている。そして、コロナ渦は人類の歴史に、強制的に一時中断を迫った。都市機能は停滞し、世界交通は機能しなくなった。ただ、通信だけがウイルスの影響を受けなかったために、これまで大半の人が触りもしなかったＺｏｏｍというオンライン会議システムを体験することになった。

私は、本書の構想を２０１９年に決めて、クラウドファンディングで支援を求めて出版した。執筆の時期が、まさにコロナ渦の最中になってしまった。本書の執筆意図は「近代ビジネス社会が、やがて情報化社会になると、何が変わり、何が変わらないのか」ということの追求と、情報化社会における社会システムは、どういうものが考えられるのかという企画具体案を考えることであった。

そしてコロナ渦において、ウイルスが未来からの意志であるかのように、人類に、あらゆるものがオンライン環境で完結するという情報化社会を垣間見せた。この人類史的な体験は、いつかコロナ渦が収束した時に、人類に新しい時代の可能性を促した出来事として記憶されるだろう。Ｚｏｏｍをやったこともない人が、いきなりＺｏｏｍ宴会をはじめて「くだらないなと思ったが、意外と楽しいな」とかいう発言がＳＮＳのあちこちから聞こえてくる。

これまでの会社組織は、内部調整や根回しや派閥抗争が活性化のエネルギーだったと言えなくもない。しかし、在宅のオンライン業務になれば、そうした村的コミュニティは意味を失う。Ｚｏｏｍで会議をすれば「発言」の価値だけが意味を持つのであり、社内の力関係や、上司・先輩などという体育会的な支配関係が無意味になる。情報化社会とは、あらゆるものがデータ化され、それはすなわち可視化されるということだ。コミュニティの中のブラックホールがなくなる。部下の成果を上司が盗むというようなこともなくなる。すべての業務や行動を全体が共有し、オープンになっていくからだ。誰が何を発言し、誰が何を提案したかが、瞬時に共有される。パワハラもセクハラも、会社の内部的なことではなくなり、白日の下にさらされる。

組織を強く大きくすることが近代の方法論だとしたら、次の情報化社会は、一人ひとりの個人が自己権力を持ち、他の個人と、１対１の関係（Ｐ２Ｐ＝Peer to Peer）を結びあうネットワーク社会になる。オンライン・コミュニケーションの場に、旧来のヒエラルキーやマナーを持ち込むコンサルを信用してはいけない。オンラインの環境の中では、自然に、流れの中で、新しいマナーが生成されていくのである。

２０１３年から、後藤健市、宮崎要輔と私との三人が事務局になり、京都、兵庫、東京、和歌山、札幌など日本各地で、参加型のトークライブ・フェスである「未来フェス」を実施してきた。これは、有名人や知識人のシンポジウムではなく、普通の生活者やテーマにこだわりのある人が一人10分の範囲の中で次々に壇上で自分の思いを語るものである。リアルな場でもオンラインの場でも、主役は、一人ひとりの個人そのものになる。

私たちは、田舎から都市に出てきたように、リアルな社会から情報共同体の世界に進む。そこでは、上意下達の一方通行の意志で全体が動くのではなく、一人ひとりの意志が有機的に結合し、全体の意志を形成する参加型社会になる。その未来の社会構造を、カプセルの中に閉じ込められたコロナ渦の人々は、体感しているのだと思う。コロナ渦で一時的に垣間見えた未来を、私たちは次の時代の社会建設のコンセプトとして学ばなければならない。

私たちの祖先は、かつては弱い猿であり、洞窟の中で凶暴な野獣の襲来に怯えて震えていた。明かりもない深夜の洞窟の奥で、家族は震えながら抱きついていた。洞窟の入り口で「ガサッ」と音がすると、自分たちを襲って食い殺す野獣がいるのではないかと、怯えた。それが人類の想像力のはじまりだという説があった。今、私たちは、家の外に出れば、不可知のウイルスに襲われて殺される不安の中で震えている。この不安の中でこそ、新しい時代への想像力が生まれるのだと思う。

今は停止している宇宙船地球号。やがて晴れ間が見え、太陽と青空が広がっていけば、人類の多大な経験と知恵の延長線上の、新しい方向に向かって進んでいくだろう。それを推進するのは、もはや特別な天才でも、権力者でもなく、現在の状況の中で、この時代の流れと向かい合った、一人ひとりの人間の意志と想いである。

２０２０年の新型コロナウイルスは多くの人間を殺すだろうが、同時に私たちの古い社会構造も破壊する。殺されるのは、近代社会の構造であり、その方法を先鋭化した戦後社会の構造である。今は、古い社会構造から切り離されて、とても寂しいけど、それは自分たちが強くなるための大事な時間だ。いつか、地球を温める太陽の下で、あなたと一緒に新しい社会の設計図を議論したい。

やがてコロナ渦が過ぎて、復興の時代が開始されるだろう。元のように戻す必要のあるものと、荒廃した大地の上にこれまでとは違った新しいシステムを建設しなければならないテーマもあるだろう。いずれにしても大切なことは、多くの人々が、それぞれの役割を与えられて生活の糧を得ることである。新しい産業構造と、新しい職業を開発する必要があると思っている。

新型コロナウイルスの世界的感染という状況があってもなくても、推進しなければならない未来への人類の意志というものがあった。私はそれを「参加型社会の創設」という具体的なテーマにして、若い時から一筋に追求してきたつもりだ。コロナ渦において、その動きが促進されるのかも知れないし、もしかしたら、再び権力の一極集中の魅力に人々が揺り戻されるのかも知れない。そうした混迷のプロセスも含めて、一人ひとりが自発性を持ちながら、他者と有機的に交流していく参加型社会の像を描きながら生きていくしかないと思っている。

新型コロナウイルスは、有名無名の差なく無差別の絨毯爆撃のように世界中の人たちを襲った。世界の多くの犠牲者の皆様の霊の安寧を祈りつつ、生き延びた者は生き延びた喜びと責任を感じて、生きていこう。

本書は、新しい情報共同体を一緒に建設する、あなたへの企画提案書であり、ラブレターである。

※一般的には「コロナ禍」と表記するが、私は、最初から「コロナ渦」と書いていた。新型コロナウイルスによる、人類の新しい「渦」の創出だと思ったからである。渦中にいる人たちの無事を祈りつつ、今後も「コロナ渦」と表記することにする。

第一編

企画趣旨

CONCEPT

地に潜り、天空に舞い上がりながら
私たちは、私たちのやってきた場所から
これから到達しようとする方向の
道筋を確かめなけけばならない。

第一章

若者たちに見えているもの

（1）若者の予感

21世紀になってから「若者の自動車離れ」ということが話題になってきた。自動車は、戦後社会の代表的な産業であり、それぞれの時代で若者たちの関心を集めてきた。60年代の高度成長の中で、社会が豊かになり、若者たちは、ファッションや音楽、そして、バイクや自動車に憧れた。自分の自動車を持つことが若者にとっては、大人社会への入り口であり、ステータスでもあった。特に地方都市では、自動車がなければ買い物にも行けない環境が生まれ、誰もが免許を持つようになった。

やがて、自動車は当たり前のものになり、一部の若者たちは改造車やスーパーカーやＲＶ（レクリエーショナル・ビークル）ブームにはまったりした。しかし、そうした話題もすっかりなくなり、若者と自動車の話題も聞かなくなってきた。そして「若者の自動車離れ」である。

考えられる理由としては、若者の貧困化という問題もあるが、それは昔からそうである。しかし、以前であれば、「4畳半の貧乏生活をきりつめてでも、自分の車が欲しかった」という人たちがいたのだ。それだけ、自動車という乗り物《ビークル》が輝いていた。自動車に限らず、若者はすでに「モノ」に対する欲求が薄くなっているのかも知れない。溢れかえる商品の中で生まれた若者たちは、戦後のものがない時代に生まれた世代のように、貪欲な欲求はない。自動車に対しての過度な思い込みも、ファッション感覚もない。単なる道具（機能）としてしか見ていない人が増えている。更に、ネット社会になって、物理的な移動というものに対しての欲求も薄れてきたのかもしれない。

20世紀は物理的な交流の時代であり、国内の移動が日常になり、更に国境を超えて人々は移動し、交流した。勉強も、観光も、仕事も、多く移動した人たちが、豊かに報われた時代である。自動車や航空機がそうした時代の流れの中で成長してきた。それが、終わりに近づいているのかも知れない。人類は、移動し尽くしたのだろう。60年代、70年代の若者のように、新鮮な気持ちと冒険心で外国に行く若者は減った。代わりに、まるで国内旅行のような感覚で気軽に外国に行くようになった。人は、ハードルの高いものには挑戦心を持ち、実現した時の達成感がある。誰でも簡単に外国に行けるようになって、旅の充実感は薄れてしまったのかも知れない。

現在、自動車の話題で一番のものは「電気自動車」と「自動走行」である。人間が運転しなくても自動車に搭載されているコンピュータが障害物を認識し、ＧＰＳ（Global Positioning System／全地球測位システム）走行で目的地に達するという技術だ。友人の林光くんがこんなことを言っていた。「もし、自動走行が普及したら、今のように人間がマニュアルで運転することは禁止になるかもしれない」と。全部の自動車が自動で運転するようになったら、人間が個人の意志で運転するということは、危険で迷惑なことになるのかもしれないのだ。若者の自動車離れは、もしかしたら、そういう来るべき社会を、なんとなく若者たちが予感しているからなのかもしれない。

近代の乗り物《ビークル》の意味を、根本的にひっくり返してしまうのが「自動走行・電気自動車」なのであろう。

（2）電卓と算盤

私が子どもの頃は、クラスの大半の子どもたちが「算盤《そろばん》教室」に通っていた。「ご破産で願いましては～」という掛け声とともに、先生が数字を読み上げて、子どもたちが算盤の珠を操作しながら計算をしたものである。江戸時代から「読み書き算盤」は、学習の基本であった。

そうやって覚えた技術も、今では使い途がない。電卓（電子卓上計算機）があるからだ。電卓は、60年代の高度成長期に登場し、70年代になって、シャープとカシオの電卓戦争によって、低価格・高機能の電卓が普及した。電卓のボタンを押せば正確な解答が得られるのに、アナログな暗算や算盤を学ぶ必要はなくなった。

算盤が、頭の中の想像力で数字と数字を組み合わせていくのに対し、電卓は、想像力の必要なしに、答えだけをデジタルに表示する。「人間の役割を機械が代行する」という、コンピュータやAI技術がやろうとしていることを、最初に人間に示したのは電卓である。

算盤から電卓への移行は、自動運転の時代に向かって行く自動車への若者たちの感覚に似ているのではないか。アナログな算盤を学ぶ子どもたちが激減したように、やがてアナログな自動車の運転技術は、スポーツや娯楽の範囲のものになり、一般の生活者には必要がなくなる。そういう社会が見えているのに、今は必要だからと高いお金と時間をかけて免許を取ろうとしても、潜在意識が抵抗するのだろう。

既存の学校で行われている教育は、近代の、すなわちこれから本格的に登場する情報化社会以前の社会を発展させるためのものである。感度の良い子どもたちほど、肉体生理的に拒絶反応を起こし、反発するだろう。

人は、労苦を不要にするために機械を発明し、その労苦から解放された。その労苦を知っている者は、一抹の寂しさを感じるだろうが、生まれた時から電卓のある生活をしている世代にとっては、計算の労苦など、なんの意味も持たない。

（3）ウォークマン

１９７８年にＳＯＮＹからウォークマンが発売された。日本の昭和戦後文化が誇るべき商品である。それまで家の部屋でしか聴くことが出来なかった音楽を、街中でも電車の中でも聴くことが出来た。70年代は、音楽の時代でもあった。それまで放送局が流すだけであった音楽を、自分の好みでレコードを買い、自分の好きな環境にオーディオをセットして楽しむようになったのは、60年代後半から70年代の若者文化からだろう。

そして、ウォークマンは、ついに自分の部屋という物理的な環境を超えて、自由に何処ででも音楽を楽しめる環境を創出した。当時、私は雑誌「ポンプ」の編集長として、飯田橋の編集部に通勤していた。その雑誌で出会った、故・坂本正治さんというマッド・サイエンティストがいた。彼は、ウォークマン発売以前から、スピーカーが仕込まれたヘルメットを被って、自転車で駒沢公園を回り、サイドカーの車台にオーディオ装置を組み込んで「走るロック喫茶」というコンセプトで、雨の２４６を疾走したこともある。彼に作ってもらった「通勤用オーディオセット」は、小さなバッグにカセットテープレコーダーを入れてヘッドフォーンをつけたもので、私はそれを装着して通勤していた。

だからウォークマンが登場した時に「これだ！」と思い、一号機を購入した。「ポンプ」とは、当時サブカル・マガジンであった「宝島」の姉妹誌みたいなものであったから、１９７９年、「ウォークマン感現学」というタイトルで長い原稿を「宝島」に書かせてもらった。そこで「ウォークマンは音楽を聴くための道具ではない。音楽以外の音を聞かないための装置である」と書いた。音楽ビジネスの発展で、流行の音楽は町や媒体にあふれ、聴きたくない音楽も耳に入ってしまう。ウォークマンは、そうしたプッシュ型の音楽状況に対して、自分の意志で聴きたい音楽を選択出来るプル型の機械だ、という意味である。

単なる拡声器だった音響機器が、ウォークマンによってコペルニクス的転換を果たしたのである。

（4）ゲーム

ゲームというものをやるだろうか。私は１９７８年にスペースインベーダーに出会って以来、その時々に、自分なりに選んだゲームを楽しんできた。日本のゲームは、60年代に発展した「マンガ文化」が「アニメ文化」になり、更にインタラクティブな「ゲーム文化」になり、独自の発展を遂げた。ファミコンやプレイステーションというハードウェアと、マンガのサブカルチャーの流れを継承した、さまざまなパッケージ・ゲームが登場した。

早稲田大学のマンガ研究会でマンガ家を目指していた堀井雄二さんは、ゲームのシナリオ作家になり、ドラゴンクエストという不滅のゲーム世界を築いた。スペースインベーダーやゼビウスに熱中していたゲーム少年だった田尻智さんは、ゲームライターになり、ゲーム攻略本を作りながら、ゲーム会社を設立し、自らポケモンを生み出し、世界中の子どもたちの称賛を得た。

やがて、インターネットの時代がはじまり、ゲーム専用機からスマホゲームに移行するあたりから「文化としてのゲーム」が「マネタイズのためのゲーム」に変質していった。ゲームが個人の表現から、企業システムの事業構造になってしまった。

人間とは、時間を意識している動物である。自分という生命の寿命も知っている。ウォークマンが「聴きたくない音楽を聴かないための道具」であるとしたら、もしかしたらゲームは「したくない作業をしないための道具」なのかも知れない。今は仕方なく必要だが、やがて無意味になる労働に対して本気で取り組むことは、誰もが生理的に反発しているはずなのだ。

ゲームは不思議なものだ。仕事や雑務で忙しい時ほど、ちょっとゲームをやりたくなって、没頭してしまったりする。ゲームは暇な時にやるものだと思われているが、そうではなく「やりたくないことをやらないためにゲームをやる」ということが起きているのではないか。決して単純な「暇つぶし」というようなものではないのだと思う。現代の子どもたちの生活は、大人や社会が要求した「やらなければならないこと」でスケジュールがぎっしりと埋まっている。暇な子どもたちなんかいない。

若くて優秀な子どもほど、勉強をしないでゲームに熱中してしまうような気がする。強いられた勉強に意味がないことを感じているからだ。

（5）労働とスポーツ

今、人類の社会は大きな変換点に来ている。近代という工業化社会から、情報化社会への移行期なのであろう。

人間というのは、よくよく分からない存在だと、時々思う。若い時、熱いお茶を飲んでいて、ふと思った。「このお茶を肌にこぼしたら火傷するよな。なんでそんな危険なものを体内に流し込んで平気なんだろう。しかも、熱いお茶は美味しい」。こんなことをするのは人間だけだ。「火」を発見した猿は、何か自然の原理とは違う方向に進んだのかも知れない。

会社の帰りにスポーツクラブで汗を流す、エアロビクスやスイミングに定期的に通う人は多いだろう。若い時に、私も日曜日にスポーツクラブに通ったことがあるが、ある時、突然、不思議だと思った。

人間は、昔は、肉体労働をしながら生活していた。18世紀半ばぐらいにヨーロッパで産業革命が起き、化石エネルギーの利用法を発見し、蒸気エンジンを開発し、人間の身体能力以上の機械が大きな生産力をあげることになった。これも根本的には「火」の力である。そして近代が始まり、人間の肉体労働は機械に転嫁され、貿易によって世界中を覆う物質消費文明へと発展した。

私がふと思った疑問は、「人間は機械文明によって肉体労働から解放されたはずなのに、なんで仕事の帰りにスポーツという肉体酷使をするのだろう。だとしたら、通常の労働の中に肉体労働の部分を回復させた方がよくはないか？」と。

「熱いお茶を飲む」という理由はいまだに分からないまま、お茶を楽しんでいるけれど、スポーツの方は分かった。人間は本来、肉体労働が好きなのである。しかし、近代の生産革命の中で生まれた近代的個人は、肉体労働の解放から自分の時間を獲得し、近代的自我（個性という名のエゴイズム）を育ててきた。人間は本来は肉体労働が好きなのだが、近代的自我は「強いられた肉体労働」が嫌いなのだろう。スポーツとは、「自発的・自己選択的な肉体労働である」という見方が出来ないだろうか。

ＡＩ技術の成長により、私たちの頭脳労働も、機械に代替されるような時代が迫ってきている。これは、蒸気エンジンによる産業革命に匹敵するような、人類史を飛躍させる新しい動きである。

私たちは、強いられた頭脳労働からは解放され、「スポーツのような頭脳労働」が誕生するのである。ゲームとは、新しい「頭脳労働」のはじまりなのかも知れない。

私たちは近代の成熟の中で、近代システムに対して生理的な反発をしながら、未来のライフスタイルを模索しているのだろう。

情報産業革命。これこそ私たちの歴史が直面している最大の課題である。

第一章

流れゆくもの

(1) 時の玉ねぎ

138億年前に宇宙でビッグバンが起こり、45億年前の前後に地球が誕生したと言われている。さまざまな環境の変化の中で生命が生まれ、進化したり滅亡したりして、1億年前あたりで最初の霊長類が地球に登場する。

私たちは時間の流れの中で生きている。自分の内部には、複数の時間の流れがある。まず一番外側に「個人史の時間」が流れている。誕生日から命日まで、すべての人間は、人生という旅路を行く客である。

個人史の内側に「民族史の時間」が流れている。霊長類からスタートして共同体を作り、共同体が蓄積した情報を次世代につなげてきた。私たちが共通の言語で理解しあえるのは民族の文化的遺産のゆえである。食事や祭りなど民族の中で流れてきた時間を私たちは生きている。地球の各地方で、それぞれの風土に適した共同体としての時間を育み、民族共同体を築いてきた、人間社会の歴史である。

更に奥の方を覗いてみると、「人類史の時間」がある。共同体が成立する以前の猿から二足歩行を開始した人類の歴史そのものの時間を、私たち個人は内包している。

更に更に奥の方に向かってみると、人類以前の多様な生命進化から、海洋の中で発生したプランクトンに至るまで、豊かで多様な生物の「生命の時間」を生きている。

自分の中の「時の玉ねぎ」の皮を一枚一枚剥いていくと、最後に現れるのは、生命以前の、宇宙の中の「存在の時間」だ。時間の中心にあるのは、物質誕生の秘密である。

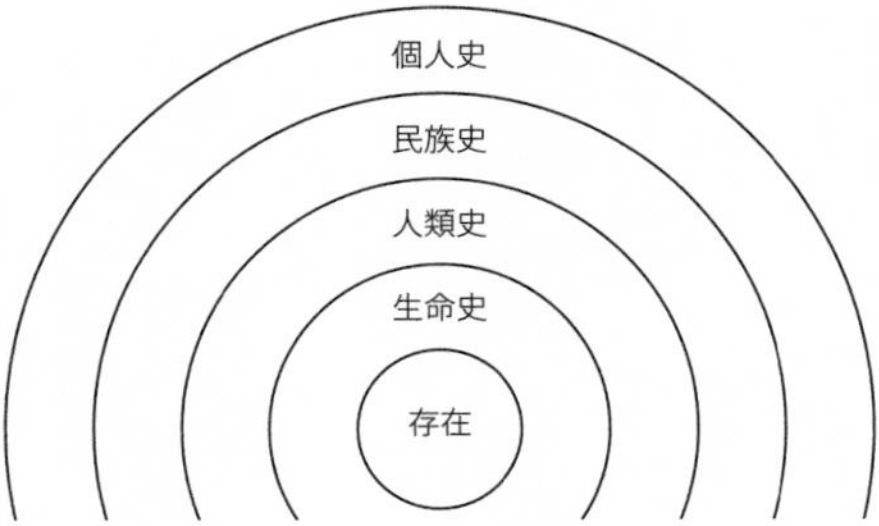

人体の時間軸による構造
時の玉ねぎ

「時の玉ねぎ」の表皮は、科学的アプローチで解明していくことが出来るだろう。科学そのものが人類の進化の過程で獲得したものだからだ。しかし中心にある「存在の時間」は、科学以前のものであり、私たちが理解出来るものではないし、理解することは必要ないのだと思う。

それはもしかしたら、個人が死ぬことで分かるものなのかも知れない。生きている私たちは、自らの中心に不可知の存在があることを心に留め、それを前提にして現実社会の進化の道を進まなければならない。それが人間として生まれた役割である。

（2）NO MUSIC, NO LIFE?

人間も動物の一種である。動物も人間も「自然」という概念に含まれるものであり、カール・マルクスは「人間とは人間的自然である」と書いた。しかし、動物と人間は違う。何が違うのかというと、時の流れ方に対する方法論が違ったのである。

動物は自然の摂理に従い、環境の変化に対して、遺伝子という物理的メディアを通し、長い時間をかけて環境に適するように自らの肉体そのものを変化させてきた。

高い樹木の上にある果実や葉っぱを食べるために、ある種の馬は代を重ねることにより身体としての首を長くすることによって、目的の食料を採取出来るようにした。人間の身体は変わらない。その代わりに、意識を持ち、「高さ」という概念を認識し、「高さ」を克服するような技術を開発し、台を作ったり梯子を作ったり、あるいは樹木を切り倒すことによって、目的の食料を獲得することが出来るようになった。あらゆる欲望を知恵の力で充足させてきた。

あらゆる動物は自然環境の中で自然と共に変化してきたが、人間だけは意識を持ち、言葉を発明し、言葉が代々の子孫に情報を伝達し、人工的な自然環境である「共同体＝社会」を成立させた。

私たちは動物の一種として、無人島で一人で生き延びることは出来るだろう。しかし、現代の社会人として生きるためには、社会の中で生きることでしか生きていくことは出来ない。タワーレコードのキャッチコピーに「NO MUSIC, NO LIFE?」というのがある。「音楽のない人生はありえない」ということだと思うが、人間は、食料がなければ生きていけないが音楽がなくても生きていける。しかし、それは単に生存出来るということで、人間が人間として、つまり人間進化の最前線である現代社会で生きるには、音楽がなければ生きているとは言えない。

いくつもの多層な時の流れを自らの内部に感じながら、私たちは現代社会を生きる。音楽とは、体内の時の流れを感じるためのものである。ある音楽は個人史の時の流れを、ある音楽は生命の時の流れを、現実を生きる私たちに感じさせてくれる。そして、ある音楽は、不可知の中心にある存在に迫ろうとする。情報は空間的に、広範囲な世界に広がっていくが、音楽は、時間の流れを遡っていくように思える。私たちがどこから来て、どこへ向かおうとしているのか、音楽とともに考えて行きたい。

（3）起承転結

あらゆる生命には、始まりがあり、過程があり、終わりがある。個人史で言えば始まりは誕生日であり、終わりは命日である。その間に人生がある。私たちは自然の一部であり、自然から発生したものであるなら、私たちの時の流れには自然の法則が強く作用しているはずである。「始まるものは終わる」というのは自然の原理であり法則であり、人生の過程においても「起承転結」という原理が作用しているように思える。

個人の時の流れで考えてみよう。起承転結の「起」は立ち上がることであり、個人で言えば10代の役割は、社会という人間が作り上げた歴史的現在を認識し、自分もその一員であることを自覚することであろう。既存社会の使い古されたルールに直面して反発することも多いだろう。

20代は「承」の時代である。「承」とは承ることであり、「起」の時代で感じたことを内省化して、自分の思想として血肉化する期間である。

そして30代になり、その上で「転」の時代が始まる。自らの思想をテコにして社会的に展開する時代である。

40代になり、人生の「起承転」を総括して、「結」としてまとめあげる時代である。

人間の歴史は、長く、この起承転結を1サイクルとして50歳までが人生であった。私も、10代で社会に目醒め、20代で雑誌を創刊しながら10代に感じたことを言葉にする作業をしていた。30代になって、現実の企業社会の中で、マーケティングや商品開発のサポートを行ってきた。そして40代で、自分が見てきたり感じたりしてきたことを、たくさん本にしてきた。

自分が50歳になった時、もう自分の人生は終わったと思った。若い仲間たちに声をかけて集まってもらい、「橘川幸夫の生前葬」を行った。私の人生の役割は一区切りついたので、もう新しいことなんか出来ないから、これまでの人生で見たこと知ったことを、若い人たちに全部伝えたい、というのが私の生前葬の趣旨であった。

しかし、実際は50代になってから、さまざまに新しいことに向かっていってしまった。小説を書き始めたり、私塾を起こしたり、「深呼吸する言葉」という自由提携詩の運動も開始した。橘川の生前葬に参加してくれていた久米信行くんからは「橘川さん、もう終わりだと言ったじゃないですか、詐欺ですよ（笑）」と言われた。

私自身も、なんだかよく分からなかった。そして60代になり「森を見る力」という、故・林雄二郎に捧げる本を書いた。20代の後半に出会い、40年近く友人として付き合っていただいた林さんへのオマージュであり、私自身の50代からの考えをまとめた本である。

今、70歳になった。そして、ようやく分かった。50歳の時に、旧来の「人生」は一度、終わったのだ。しかし、現代は人生１００年時代である。50歳で終わって、50代から再び「起承転結」という自然の法則が働いたのである。50代は「新たな起」であり、60代は「新たな承」なのであった。そして70代は「新たな転」つまり、私は今、30代の原理で動いているのである。

人生１００年時代の「２つの起承転結」は、まだ人類史上未踏の領域である。このことに気が付かないで、50代で、「人生終わった感」にとらわれているだけでは、そこから先は、社会的人間としてのリズムをつかめないのではないだろうか。

（4）社会の起承転結（令和元年の意味）

夏目漱石や森鷗外などの明治の文豪の書籍を読むと、現代を生きる私たちの心性に訴えかける共通の情感や問題意識を感じることが出来る。しかし、井原西鶴や式亭馬琴などの江戸文学を読んでも、同じ日本人として通じるものはあるが、直接的なリアリティを感じることは少ないと思う。

私たちの精神は、明治維新以後に築かれたものの延長線上にあり、明治という時代は、それまでの過去の意識をダイナミックに捨て去り、新しい領域へ日本人を連れていったものだと思う。それが近代化ということである。

令和という時代を考える前に、明治からの時代の流れを見てみよう。

明治、大正、昭和、平成という時の流れを、日本近代化の「起承転結」として見る。

明治は、まさに西洋に門戸を開き、新しい文明の時代に向けて「起立」した時代だった。それは若い志士たちや実業家たちの情熱とリンクしている。

大正は、「起立」した志を「承る」時代だった。それは内省化の時代と言ってよく、大正デモクラシーという日本の内部に導入された欧米化と日本文化が融合して、新しい文化や人材を育てた。

昭和は、まさに「転回」の時代であり「展開」の時代でもある。前半は軍事で世界に広がり、後半は貿易で世界に広がっていった。

平成は、そうした明治・大正・昭和の流れを総合的に受け止め、日本近代化の終わりを確認する時代だったのだろう。実際に、近代の中で構築されたさまざまな社会システムや組織が、内的崩壊によって崩れていった。時代の瓦解音が聞こえてきた。

日本近代が平成で終わった。

時の起承転結

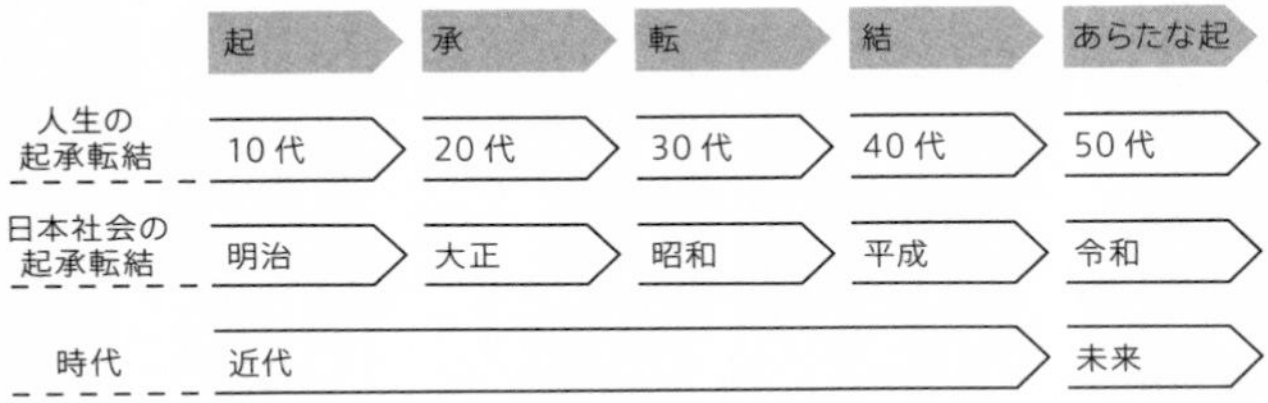

そして、「結」の次は新しい「起」でなければならない。その「起」は、明治維新に戻るのではなく、日本近代を超える、新しいスタートラインにならなければならない。「近代」を超える名前はまだない。私たちはようやく近代の次の「未来」の感触に近づいたところである。

西欧は、西暦で考えるから１９９０年代を世紀末として、２０００年になって一気に新しい西洋文化であるインターネットの世界に突入していった。日本は、西暦の文化がなかったので世紀末の時代エネルギーを有効利用出来ずに、世界の流れに追いつけなかった。

しかし、令和の時代変換は、日本だけが可能な歴史の転回点だ。近代の方法論を超える動きは、平成の中で、さまざまな人が、さまざまな領域で追求してきた。その人たちと連携し、日本の新しい文化の時代を開始すべき時だと思う。

作ったものは壊れる。
生まれるものは壊れない。

新しい時代は、組織や国家の仕組みを作り直すことからではなく、一人ひとりの自発性がつながっていく、ライブ的な参加型社会からはじまるのだ。新しい時代が生まれたという自覚が大事だと思う。

産業革命からはじまって、物質的豊穣さを目指す人類の方法論は終わった。それとともに近代という言葉も役割も終わったと思う。それを確かに終わらせることが、近代の次の時代を生きることであろう。近代の成果、特に技術的成果を最大限に吸収して、近代の大地の上に、新たな「起」を生み出すタイミングである。

本書は、近代に対する葬送曲であり、未来の可能性に対するBirthday Songである。

第三章

メディアとは何か

（1）メディア構造

「media（メディア）はmedium（メディウム）の複数形。mediumは、中間にあるもの、間に取り入って媒介するもの」（Wikipediaより）

メディアとは実体であるが実体ではない。どういうことかというと、メディアは実体と非実体の2つの要素で出来ているからである。例えば、書籍や映画はメディアであるが、それはハードウェアという形式としてのメディアである。そこには、小説や映像作品というソフトウェアがセットされてメディアとなるのである。ハードウェアは実体であるが、ソフトウェアは非実体である。

メディアとは、A地点とB地点との間にある。人と人との間には「空気」という物理的メディア（ハード）があり、言葉という情報メディア（ソフト）がある。情報メディアというのは、私たちの理解力や感性の共通プロトコルである。

一般的に言われているメディアの進歩は、ハードウェアの進歩であって、ソフトウェアは普遍的なものである。ブッダの真理、キリストの愛、孔子の教えは永遠である。ただし、ハードウェアの進歩に応じて、ソフトウェアの有り様は対応・変化する。

本来、「何か伝えたい」というソフトウェアの欲求と想像力によって、それを情報として運ぶ乗り物《ビークル》として、書籍や映画は発明された。しかし、近代というハードウェアの生産革命によって、大量多種に生産可能になった工業製品としてのハードウェア・メディアを追いかけるように、ソフトウェアが要求された。本末転倒なのが、現在のメディア・ビジネス市場である。

本格的な情報化社会を目前にして、メディアの構造を本来のソフトウェア先行に引き戻さなければいけない。情報化社会とは、媒体が優先するのではなく「伝えたい意志・欲求」が先行する社会でなければならない。

ソフトウェアの想像力がハードウェアの未来を予測するのである。

（2）近代の意識

近代とは、18世紀半ばの産業革命から20世紀の大量生産消費社会までを呼ぶ。近代は、大量の製品・商品を生産して、人々に余剰時間（暇）を与えた。しかし、近代もまた、技術や生産工場が突然、生まれたわけではなく、そうしたハードウェア基盤を生み出した、人間のソフトウェアとしての想像力の動きが先行していた。

ハードウェアの進歩が爆発した「産業革命」以前に、近代の萌芽が哲学の中に生まれた。近代的自我である。

我思うゆえに我あり　Cogito ergo sum（ラテン語）
「方法序説」（ルネ・デカルト）１５９６年―１６５０年

デカルトが定義づけた近代的自我は、まさに人間のソフトウェアに対する讃歌である。「我思う」という想像力の自由こそが、人間の持つ本来性であるとしたのである。

そうした人類の発見と、「我思う」ための状況を創出するために、単純労働を機械に行わせ、そのことにより、人類は他の生物とは異質な余剰時間（暇）を獲得した。

今、私たちが知っている、あらゆる人間的な行為、「アート」「グルメ」「ファッション」「エンターテイメント」「レジャー」「ビジネス」そして「恋愛」も近代の生産構造の革命が生み出した余剰時間の為せる技である。

動物はただ生命を維持し、子孫につなげるための行動しかしない。人間だけが、類から切り離された、自分だけの個人史を楽しみ、生きることを知った。

しかし、そうした近代の栄光も、終わりに近づいた。自由時間を得るために作られた工場の生産システムが、発展に発展を重ね、人間の想像以上の生産を開始してしまったのだ。地球規模の環境問題は、人間の作り出したハードウェアの暴走と言える。

（3）近代の方法論

近代の方法論を簡単に言うと「コピペ」である。コピペとは「Copy and Paste」の略で、原型を複写したりして大量に模擬品を作ることである。コピペは実体のように見えて、疑似的実体である。

江戸時代だと、浮世絵というのは、絵師の描いた下絵を木版職人が版木に彫り、それを摺師が印刷する。一つの版木から作られる印刷物は数百枚が限度と言われている。それが近代になって、西洋から近代印刷技術が導入され、一つの版から、ほぼ無限の印刷物が生産されるようになった。

明治文学は、夏目漱石や森鷗外らの天才的作家が多数輩出したから成立したのであるが、別な見方をすると、近代印刷技術が登場したために、大量の新聞や書籍を印刷することが可能になり、その商品を商品たらしめるために、多数の作家が必要になった、という風にも言える。

書籍も工業製品であるが、あらゆる製造物は、出版における版と同じように、金型を手作りで作り、それを大量にコピペして、工業製品として市場に展開するのである。現代においては、この金型すらも、コンピュータ制御で自動化されつつあり、ハードウェアの生産力は、無限に拡大されていく。近代とは「量」を神とする信仰であった。

メディアはソフトウェアとハードウェアとで成立する。生物が女と男で成立する関係に似ている。女と男が交合して新しい生命が生まれる。

本来、人間の意思（ソフトウェア）に応じて作られたのが道具（ハードウェア）である。それが、道具が道具を作り出すようになった。やがて「人間の意思」が「道具の進歩」に追いついていかなければならなくなった。

「伝えたいことがあって、本を出す」のが本来の姿だが、現在は、「本を出すために伝えたいこと」をひねり出す。まして、「売るために本を出す」なんて、人類の道筋からは、言語道断ではないか。

故・山崎正一先生は、東京大学でカント、道元の研究をされていて、日本哲学学会の会長もされていたが、臨済宗の僧侶でもあった。80年代に私的な会合でご一緒させていただき、お話を伺ったことがある。その時に、山崎先生が「人類は近代で間違えた。それも一生懸命、間違えやがった」と、何か絶望的だけど淡々とした口調で言われたのを、今でも覚えている。

近代の生産の無限拡大運動は、現代も暴走している。ＡＩはソフトウェアではない。ハードウエアの最終形態としての考えるハードウェアとして位置づけた方が分かりやすいのではないか。ＡＩは「ハードウェアの進化」の最終形態である。しかし、それもまた人類が生み出した「環境」であるなら、そこに、より大きな必然性があるのだと思われる。あとは、与えられた余剰時間（暇）を人間がどのように楽しみながら使うかにかかっているのだと思う。そうでなければ、私たちはハードウェアの生産物に押しつぶされてしまう。

（４）可能性の融合の世紀

今、人間（ソフトウェア）が為すべきは、ただハードウェアに追随するのではなく、ソフトとハードの人類史をより大きな視点で俯瞰し、ソフトウェアの本質を再確認することではないか。ソフトなきハードの暴走は、いつか停止する。その時代に向けて、人類もまた、幼児的なソフトウェア（近代的自我）の次元から、一回り成長した、大人のソフトウェア（情報的自我）へと脱皮する必要があるだろう。

現在は、18世紀から20世紀までの近代の方法論を終わらせて、次の時代の哲学を生み出すタイミングである。20世紀は近代的自我の成熟の時代であった。すなわち「私」という個人意識の鋭敏化の時代であった。次の時代は、恐らく「私たち」という関係性意識の成熟が求められている。

男と女の差異を越えた価値観が広がっていく意識の運動が世界的に広がっているが、近代的自我のその先は、「私」と「あなた」の関係性を越えていく融合を目指すのではないか。「You & I」がラブ&ピースの白人的近代意識の到達点だとしたら、ジャマイカのラスタリアン、ボブ・マーリーは「I & Iバイブレーション」とした。

私とあなたの差異を越えていく統合的自我こそが、私たち一人ひとりがメディアそのものになっていくことであり、「ブッダの真理、キリストの愛、孔子の教え」を具体化することになるだろう。

融合の世紀がはじまる。「永遠に中間なるもの」としての「私たち」の時代がはじまるのだ。

第四章

参加型社会についての個人的体験

(1) 自己紹介

私は今年70歳。10代の時に、ロック音楽に出会った。中学生の時にビートルズがデビューし、大学に入る頃にウッドストックがあり、ジャニスやジミヘンにしびれ、20歳の頃にデビッド・ボウイに出会い、ロッキング・オンという音楽ファンの投稿雑誌を創刊した。

高校生の頃は、ＪＡＺＺ喫茶によく行っていたが、ジャズやクラシックというのは、音楽としての完成度や演奏家の技術力にただ感嘆して客席から拍手を送るだけだったが、ロックというのは、そうではなかった。日比谷の野音で日本のロックバンドのコンサートがあり、行ってみると、ミュージシャンの音楽技術は未熟だけど、技術以上に何か訴えたいものが前のめりで伝わってくる。しかも、ステージの上のアーティストだけが頑張っているのではなく、観客席全体が、時間と空間の密度を高めようとシャウトしている。私たちもただ聴くだけではなく、「参加出来る」

のだ。「これだ！」と思った。ミュージシャンというのは何かのキッカケであり、そこにいる全員が参加出来る音楽が、これからの時代の本質になる、と。

当時のロックの出版状況を見ると、ロックをアイドルとして楽しむ「ミュージックライフ」と、音楽を客観的に分析するインテリたちによる「ニューミュージックマガジン」というのがあったが、これはロックそのものではないな、と感じた。古い価値観を感じたのだ。楽器も弾けないし、歌も下手だけど、みんなと一緒にロックをやりたいんだ、という仲間が集まり、ロックの感想を投稿してもらう、フェス会場のような音楽雑誌を作ったのだ。

その後、ロックシーンは商業主義のエンタメ化して、反動でパンクが出てきたりした。私も、最初に感じたロックの感覚を音楽業界の中だけで終わらせておくべきではないと思い、宝島社に提案して、１９７８年に「全面投稿雑誌ポンプ」を創刊した。これは、テキストも写真もイラストも、すべて読者投稿だけで出来ている雑誌で、今のインターネットそのものの紙媒体である。すべての投稿原稿に住所・名前が書いてあり、手紙でレスポンスを送れるという、個人情報で縛られている現代では想像出来ないほどのオープンシステムだった。

（2）参加させられている社会

そういう個人的な体験があり、当時を知る人からはよく「インターネット時代になって、ようやく橘川さんの理想が実現しましたね」と言われる。私は、全然、そんな風には思っていない。現代が、誰でもメディアを持ち、自由に発信出来る参加型社会だという人がいるが、現状が理想の社会なのだと思っているのだろうか。

私にとっての参加型社会というのは、社会システムの問題ではなく、一人ひとりの個人が「参加したい」という自発的な意志を持つことだ。その自発性が何よりも必要なのである。そういう個人が集まって参加型社会というライブ空間が生まれる。

現状の世界は、参加型社会ではなく「参加させられている社会」だと思う。本当に世の中に語りたいことがある人たちが集まって作るのが参加型メディアだが、しかし、現状のＣＧＭ(Consumer Generated Media)と呼ばれているシステムは、システム側の思惑で作られていて、参加する人は「参加させられている」のだと思う。

Twitterがあるから世界に向かってつぶやくのであって、大半の人はTwitterがなければ、世界につぶやこうとは思わないのではないか。

参加型社会のフレームだけで作られたシステムは「仏作って魂入れず」の偽物だと思う。その顕著な例が「裁判員制度」だ。これからは参加型社会だから、裁判も国民参加型にしようとして作られたのだと思うが、誰も参加したくない制度が、参加型社会の制度であるわけがない。

（3）学生時代の体験から

私は、１９６８年に大学に入学した。当時は学生運動の渦中であり、毎日、キャンパスではハプニング的な事件があった。ある日、教授会と学生との団体交渉があり、学生たちが教授を吊し上げていた。学生たちは「今の大学はおかしい！」と叫び、追及していた。確かに、大教室では遠くの方で勝手に講義している先生がいて、多くの学生は単位をとるためだけに出席しているような、おざなりの講義が多く、入学する前に想像していた大学のイメージとは違っていた。

その時、守勢一方だった一人の老教授がすっくと立ち上がり、学生たちに向かって叫んだ。「君たち、今の大学が間違っているというなら、何が正しいか言ってみなさい」と。周りの学生たちは「居直るな！」「ふざけるな！」とその老教授に罵声を浴びせたが、私は、ショックを受けた。

明らかに今の大学や大学制度はおかしいと思うのに、何が正しいか言い返せなかったのだ。悔しくて、挫折感を味わうように、その喧騒の場を一人だけ離れた。

そして「何が正しいか、いつか言ってやる」と思った。最初に考えたのは、フリースクールのようなもので、アカデミズムの中で勝ち残った教授たちが教えるのではなく、もっと多様な先生を探そうと思った。ホームレスの人に人生観を聞いたり、子どもを生んだ主婦の人に体験談を聞いたりする勉強会を企画した。

しかし、企画を進めているうちに、ふと、思った。先生だけを新しくすれば、それでよいのだろうか。大学の構造はおかしいと思うが、それは先生だけの問題ではなく、受講する学生たちにも問題はないか。ただ言われたことをノートに記入して、記憶するだけの学習態度の学生が、自分を含めて大多数ではないか。学生も変わらなければ意味がない。

そして、ロックに出会い、投稿雑誌を作りはじめた。それは私が「何が正しいか、いつか言ってやる」という理想の大学の「学生育て」のためでもあった。学ぶ前に自分で考え、自分の意見として表現出来るような学生が増えなければ、いくらユニークな先生を連れてきても、同じようにただ記憶するだけの学生に留まってしまう。

私は、今のインターネットがやっていることは、まだ、未熟な学生たちの自己表現の訓練所だと思っている。このまま未熟な修羅場のままで終わるのか、次のステップに移行するのか、今は大事な局面だと思う。

（4）次の時代のコミュニティ

生命は、海の中から生まれ、やがて大気の中で生活し、哺乳類が生まれ、人間が生まれ、人間は共同体を作り、社会という人工環境を作った。そこから更に、社会から更に、次の環境である情報化社会への移行期に私たちはいる。

現在インターネット上には、ＧＡＦＡ（Google・Amazon・Facebook・Apple）と呼ばれるプラットホーマーたちが、新しい世界を作って、住民たちから参加料や広告という税金を徴収して権力構造を強くしている。しかし、私は、FacebookやTwitterがプラットホームだとは思わない。本当の情報化社会の大地は、インターネットそのものであり、Facebookなどは、その大地の上に建てられた、都市開発による巨大センタービルでしかない。

これまでも、日本では、アスキーネットやニフティからはじまり、ミクシィやグリーなど、さまざまなネット・コミュニティが作られた。しかし、ネット上には、永遠のコミュニティなどない。なぜなら、日本に生まれ育った者にとって「日本」は逃げることの出来ない関係性のコミュニティだが、ネット上のコミュニティは、単に利便性で集まっているだけで、帰属意識がない。そのサービスを楽しんでいるうちは、そのコミュニティが永遠であるかのように錯覚するが、より優れたサービスが登場したら、そのまま大陸間移動のように、大勢のユーザーが移動する。それはこれまでのネットの歴史を見ていれば分かることだ。

本当のプラットホームとは何か。インターネットそのものの上で、個人と個人が共通の意志でつながり、目的を達したら解散するような、有機的で一時的なコミュニティであろう。それを、林雄二郎は「ファンクショナル・コミュニティ」と呼んだ。

さまざまなＰ２Ｐ（Peer to Peer）技術やブロックチェーンの開発は、そうした、本当の情報化社会のインフラとして追求されているのではないか。既存のいわゆる「プラットホーム」は、近代社会の企業ビジネスの構造を、ただ、インターネット上に投影しただけに見える。

（5）現状認識

２０２０年の新型コロナウイルスによるパンデミックは、人類が自然界に対して完全にコントロール出来ているという技術信仰を打ち砕いた。と同時に、これまでの地球エネルギーを使いまくって生産力を高めるだけの市場経済に強烈なストップをかけた。中国やイタリアの工場地帯の操業停止によって、世界の二酸化炭素排出量は激減した。

そして、新たな可能性として、オンラインによる業務、経理、販売、医療、学習などが一気に具体性を帯びてきた。これまでも、近代社会の中で、追求はされていたテーマであるが、近代を作ってきた既存システムの強固な既得権益と、前時代的な組織の幹部たちによって、本格的な移行が妨げられてきた。それが、一気に移行が進みそうな気配になってきた。

私は、コロナ渦を第三次世界大戦だと思っているのだが、その戦前を産業革命以来の近代主義の秩序の時代だとしたら、その戦後は、戦前の成果を踏まえた上で、新しい社会構造と人生設計をゼロから設計しなおす時代だと思っている。コロナ渦において、新しい産業革命がはじまる。

その根本にあるものが、戦前においてあらゆる制度の根本にあったピラミッド型の組織論を、Ｐ２Ｐのネットワーク型組織論に変容させていくことだと思う。

ピラミッドの頂点にいる権力者から上意下達で配信される命令で動く組織ではなく、組織を構成する、一人ひとりの思いや願いが個人の地点から発信され、それが関係性の中で対立したり調整されたりして、最終的に融和していく組織論が必要になってくる。

その場合に最も重要なものは何か。それは、権力者を倒すことではなく、一人ひとりが、個人として自立することである。個人が未熟なまま、ネットワークというシステムだけ与えられても、小さな権力構造が各地に出来るだけである。

私たち一人ひとりが近代組織の呪縛から解放され、一人の個人として、新しい大地であるインターネット・プラットホームに立てるかが問われているのだと思う。

第五章

インターネットの特質と未来

インターネットは、現実社会が生み出した、仮構の市民社会である。依然として現実は強固に存在しているが、幻想の社会であるが故に、様々な歴史と呪縛が支配している現実世界での構造を捨てて、理想の人間社会を模索する運動でもある。インターネットは現実が生み出したものであるが、現実を超え、現実を変革する可能性のある人類全体の巨大文化革命である。だからインターネットで起きていることをきちんと理解すれば、やがて現実で起きることも想像出来る。私は10年前、「インターネット・ビジネスモデルの時代」から「インターネット・モデルビジネスの時代」について書いたことがある。

私たちはインターネットの上で起きていることの本質を見極めて、それを参考にして、現実世界にフィードバックする必要がある。

インターネットの中で登場した、新しい社会コンセプトは以下のようなものである。新しいコンセプトと実験の中で見つけた方法は、やがて現実社会に応用されていくだろう。

（1）可視化

これまで隠されていた、さまざまなブラックボックスの情報が世界にさらされてきた。そのことにより、閉鎖的環境の中でのパワハラやセクハラの問題が露出し、資金の隠蔽や、社会的不正義な現実が明らかになった。ブロックチェーンの技術は、あらゆる情報の回路を世界全体で監視することにより、ブラックボックスを否定しようとするものである。

この流れは、近代における、政治運営や企業・団体などの組織運営や経済行為の不透明なビジネスモデルを不可能にさせていく。

（2）情報的自我

これまでの近代的自我が、ひたすら学習と鍛錬で自らを強固に成長させていくものだとしたら、私が「情報的自我」と呼んでいるものは、影響を受けながら影響を与えていく情報環境の中に常に漂う自我である。現状のインターネット世界では、現実の価値観や宗派的思考に束縛された自我がまだ漂うことなく、陣地合戦を繰り返しているが、やがてその陣地は崩れ、漂いはじめるだろう。双方向のシステムによって、個人意識と全体意識が絶えず交信するようになるだろう。そういう環境の中では、ますます一人ひとりの自律的な思考と感性が重要になってくるのである。ある考え方をする人がいて、その人の考え方に賛同する人はすべての意見や行動に賛意を示し、その人に反対する人に対してはすべての意見や行動を否定するというわけではない。その人の、この発言には賛同するが、この行動に対しては反対する、というのが、本来の個人と個人との付き合い方だろう。全否定と全肯定しかない考え方を宗派的というのだ。強固に確立する近代的自我ではなく、フリーハンドで自由に判断出来ることを「情報的自我」と呼ぶ。

（3）地球情報化（ソーシャル・メディア）とシェアエコノミー

地球という限定された物理的な空間での国家間の領土争いや、企業における業界単位での市場占有率の獲得争いとは異質の、地球全体を覆う情報コミュニティが成立してきた。

現在はまだ旧来の市場独占の発想でインターネット上の領土争いが激烈を極めているが、Ｐ２Ｐ自我の広がりによって、領土の独占は無意味になる。既存の比喩的なプラットホームはピラミッドのようにインターネット文化の原始的遺産として記録され、人々は、本来のプラットホームであるインターネットそのものの大地の上で自由に情報交換するだろう。

シェアエコノミーと呼ばれている所有から共有への動きは、それもまだ、既存の近代ビジネスの残影が持ち込まれているが、やがてエージェントを必要としない、本格的なシェアエコノミーの世界が現出するだろう。

(4) 発信者負担

発信者負担というのは、私がインターネットの世界に触れて最初に感動したコンセプトである。この言葉を最初に使ったのは１９９０年代後半の日経ビジネスで連載していたコラムの中である。

近代ビジネスの本質は中間代理である。原材料と工場をつなげたり、製品と市場をつなげたり、あらゆる「売りたい人」と「買いたい人」をつなげていくのが近代ビジネスの本質である。

出版や映画のようなコンテンツ・ビジネスも同様である。「本を書きたい人」がいて「本を読みたい人」がいるので、その間に出版社という媒介があって近代ビジネスとして成立する。だから当然、「本」のコストを負担するのは「本を読みたい人」であり、その売上を著者と出版社で配分する。

しかし、インターネット上においては、中間媒体としての出版社は排除される。「伝えたい人」

と「読みたい人」がマッチングするシステムだから。

そこにおいては、コンテンツの基本は無料である。しかし、それは無料ではなく、「伝えたい人」の方が伝えるためのコストを負担しているのである。現実世界では入るはずの原稿料や、印刷コストに匹敵する、サイト作成やメルマガ作成にかかわるコンピュータ費用や通信費用などを、発信者の側が負担しているのである。

それは、「伝えたい」という意志が最優先するからである。大作家も最初は、文章を書いて財をなそうと思って書き始める人は少ないだろう。自らの内部に湧き起こった表現への情熱に突き上げられて書いたはずである。それが人気が出ると、書くことが近代的な仕事になり、収入が当然のようなビジネス行為になっていく。

インターネットは、本来、作家の最初の情熱だけがあふれている世界なのである。

（5）通信と放送の融合

人類は、通信と放送を別々に進化させてきた。通信とは個人と個人の連絡であり、狼煙の時代から飛脚による手紙、近代になってからの郵便制度、電話システムの構築などと進化してきた。

放送は、一つの中心から多数の人たちに情報を拡散するための道具である。かつて中世の英国では「タウンクライヤー」という、王様に跡継ぎが出来ると町中を叫んで走り続ける職業があった。江戸時代の高札や瓦版も同じである。近代になり、新聞やラジオ、そしてテレビが人類の放送の歴史を推進してきた。

インターネットとは、まさに「通信と放送」の融合である。それは物理的システムの融合であると同時に、人類の異質な文化の融合でもある。

私たちは、本来、友人に語ってきた言葉をSNS上で語る。それは私信のような中身であるが、SNSによって全世界に放送されていく。

個人と世界が融合していく時代のメディア環境に私たちは突入しているのである。

(6) ファン構造

ある大学生YouTuberと話をしていて、「YouTubeやってて何が一番、楽しいの？」と聞いたら「自分にファンが出来たこと」と言った。ちょっと衝撃であった。現実では、どれだけ好きな人や信頼出来る人がいても、ファンというものにはならない。ファンという構造は「メディア」を通して成立する関係である。

社会がリアルな近代社会から、双方向の情報化社会に移行しつつある時、現実の信頼関係より、メディアを通しての関係に、未来の信頼関係を感じる世代が登場してきた、と思った。

若い女の子が、坂道グループを代表とするアイドルグループのオーディションに何十万人と応募するのも、メディアを通しての関係性に、これからの社会の関係性の意味を感じているからではないか。

引きこもりで学校での関係性を築くことが苦手だった14歳の平手友梨奈は欅坂46に参加することによって、時代の最先端のコミュニケーターに変容した。彼女は自分自身が成長出来る世界は、現実の学校ではなく、メディアの世界であるということを直感したのだろう。それは旧来の目立ちたがり屋のスター思考とはまるで違う。

メディアの中での充実した関係性を求めることこそ、情報化社会の新しい住民たちの姿だと思う。

（7）リアリティ

メディアは現実ではない。現実のライブで表現しても、ネット上に反映されるためには、数秒のタイムラグがある。それは、情報処理するための時間差である。

旧来のメディアは、表現者のライブ感覚を世界に伝えるために密室で作品化することにより、凝縮したクオリティを作り上げて発表する。

しかし、インターネットにおいて要求されるのは、クオリティよりもリアリティである。リアルそのものではないが、よりリアルに近いものが評価される。

ヒカキンなどのスーパーYouTuberは、大勢のフォロワーに支えられているが、既存のテレビ番組に登場しても、ネットの中でのように存在感を示せない。それは、両者が異質な方法論で情報を発信しているからである。

ネットに求められているのは、作品としての完成度ではなく、今を生きている人の存在感であり実体感である。なぜか？　それは、ネットの中で起きていることは、固定化した価値観を持つ人格ではなく、流動的な対応をする「Ｐ２Ｐ自我」の時代に進んでいることを感じているからだろう。

瞑想家の故・山手國弘さんは、そうした流動的な自我のことを「宇宙ミーハー」と呼んだ。まさに、情報の宇宙の中を、ミーハーのように関心のおもむくまま漂う人類が登場しつつあるのだと思う。

（8）参加型社会

これまでのコミュニティは、地縁（生まれた場所）血縁（家族や親戚）能力縁（同程度の偏差値のものによる空間）など、生まれついた属性や能力に縛られて帰属させられていたが、インターネットによって、旧来のコミュニティに帰属しつつ、個人の選択権によって、自由に、情報的コミュニティを選択出来るようになった。

個人の選択権によって所属する共同体を、故・林雄二郎さんは、「ファンクショナル・コミュニティ」と名付けた。ファンクョナルとは「機能」である。さまざまな会員コミュニティのようなものが生まれ、個人は、そのコミュニティに参加するのも、離脱するのも自由である。80年代に登場したニフティサーブの「フォーラム」というものは、ファンクショナルなコミュニティであった。

人は運命的に帰属させられていたコミュニティから、選択的自由を与えられたコミュニティで生きるようになる。自発的なコミュニティ成立運動のことを、参加型社会と呼ぶのである。

（9）ソーシャルメディア

これまでの共同体は現実の共同体であったが、インターネットの登場により、バーチャルなコミュニティが出来た。Facebookは、ハーバード大学の学内コミュニティをネット上で展開したところからはじまり、世界中をキャンパスのようなものにした。Twitterは、１４０文字の短い文章をやりとりするという、つぶやきの集合体として人気を得た。Twitterは、比喩的に言うと「路上」である。いろんな価値観や経験を持つ人があふれているので、ある意味、面白いが、ある意味、危険である。Amazonは、世界中を相手にする、情報の本屋からスタートして、今では巨大なショッピングモールになった。

最初は現実の比喩であり投影であるところからスタートしたネット上の「新しい村」運動であるが、やがてネットのことしか知らない世代によって、新しいコミュニティが生まれてくるだろう。

第六章

よはとつ図形２０２０

（このテキストは、１９８１年に発行された私の最初の書籍である「企画書」に収録した原稿をリライトしたものである。基本的には何も変わっていない。ただ、40年の年月が過ぎ去っただけだ。それはほんの一瞬の出来事であったが、イメージで描いたものが、ますますリアルに感じられるようになった）

（1）よりそう時代

人間は、想像力を持ち、意識を持ち、言葉を産み、情報を共有して共同体を作った。人間は自然の側から見れば他の生物と同じ動物である。

マルクスは「人間とは人間的自然である」と言った。人間は確かに動物的自然の存在であるが、同時に、意識は自然環境とは異質な社会的空間を作ってきた。

社会は、男と女が出会い、子どもを産み、老いて死んでいく個体の一生を、言葉という永遠につながるプロトコルによって、代々の伝承として「家」を形成した。

個体は死ぬが、血の伝承は次世代につなげることが出来た。

やがて、「男と女」がよりそい「家族」が生まれ、「家族」や「一族」の地域エリアが、つながって「村」が生まれる

（2）はじける時代

「村」はやがて「都市」になり、やがて「国家」になる。

共同体の進化が、人間の社会的進化である。

1. よりそう時代

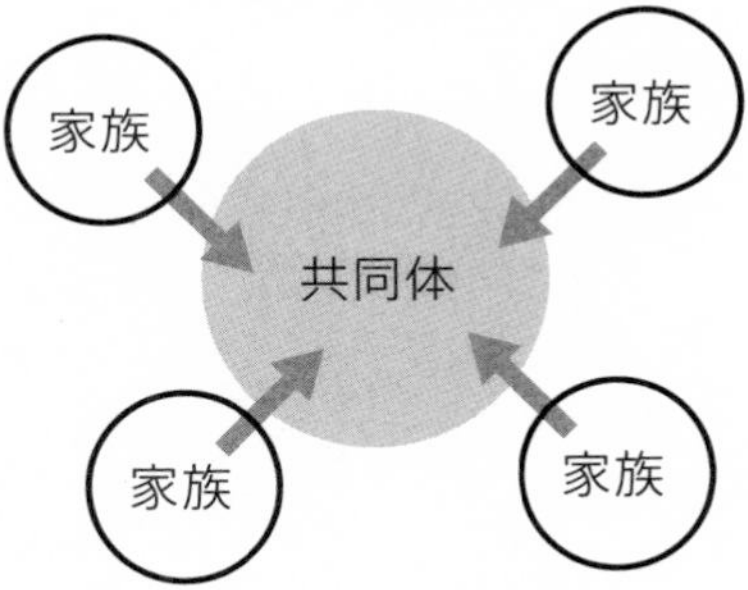

2. はじける時代

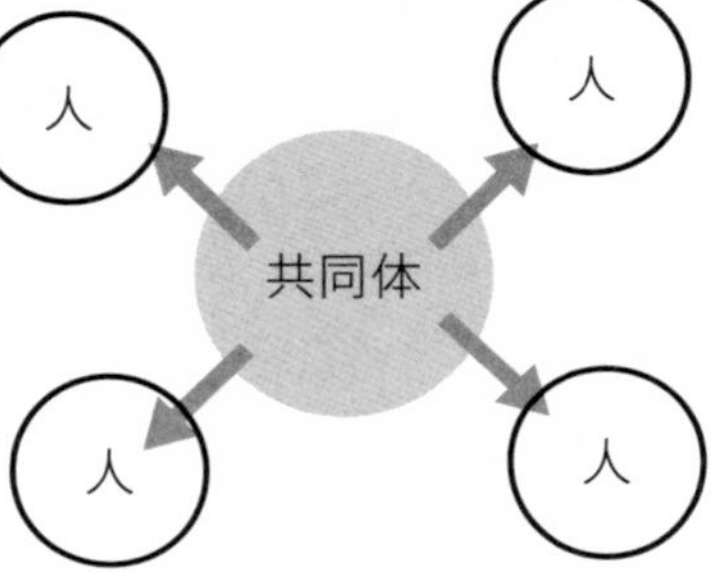

「村」には、「村」を持続的に継承していくための、伝統的風習や文化が生まれ、村独特の「村の掟」が生まれる。

「村の掟」が強くなりすぎたり、形式的なものに風化していくと、それに反発する若い世代は、自分たち自身の価値観を生み出そうとする。

「村の掟」と「自立心」は反発しあい、多くは、若者たちを村から追い出したり、若者たちが自発的に村を捨てて、都市や世界に向かっていく。

「村」からはじけた人が、各地から都市に集まり、それぞれの土地の文化を持ち寄りながら融合し、人工的な共同体「都市」を発生させる。

村からはじけて外に出た人間が、再び、集まったのが「都市」である。都市は更に国家へと成長し、国家は他の地域の別の国家と戦争したり貿易したりして交流し、新しい人類の文化を築く。

現在の世界の先進国というのは、都市が中心になった都市国家である。アメリカは、ヨーロッパの故郷から、はみ出した移民たちが作った、都市国家である。

「村」が「都市」へ「国家」へと進化していくに連れ、個別の村の掟は客観的に整理されて「法律」や「倫理」へと進化していく。

神島二郎という社会学者は、本来のムラを「第一のムラ」として、明治以後の藩閥（例：長州閥）や学閥（例：東大閥）のような人工的なコミュニティのことを「第二のムラ」と名付けた。都市もまた「第二のムラ」であろう。

都市も表面的にはクールなファッションをまとっていても、本質は「人が、よりそって出来た村」である。そこから「はじける」人たちが出てくる。

都市からはじけた人たちは、はじけた者同士で、疑似コミュニティを作る。例えば「暴走族」「ファンクラブ」「新興宗教」「マニアグループ」など。それらを情報的な「第三のムラ」と呼んでもよいだろう。

しかし、はじけた者同士が「よりそって」出来た共同体は、その中で、また独自の掟や作法が生まれて、それに反発する個人は、第三のムラからも、はじけることになる。

はじけた者同士が、よりそうことなく、群れることなく「とどまる」段階が必要なのだと思う。

（3）とどまる時代

共同体から、はじけて「とどまる」こと。

これは、寂しく苦しい時間であるが、「よりそう」ことの限界を感じ、「はじける」ことの無情を感じた、人類総体の方法論の孤独を、噛み締めなければならない。「とどまる」とは、共同体から切り離された人間が、たった一人で、その場所にとどまるということだ。

偽物のコミュニティやネットワークを信用してはいけない。人は、まず、そうした幻想を一度、徹底的に否定されるべきなのだ。

社会や時代にとっての「起承転結」の「転」は変革したり展開したりするダイナミズムを伴うものである

3. とどまる時代

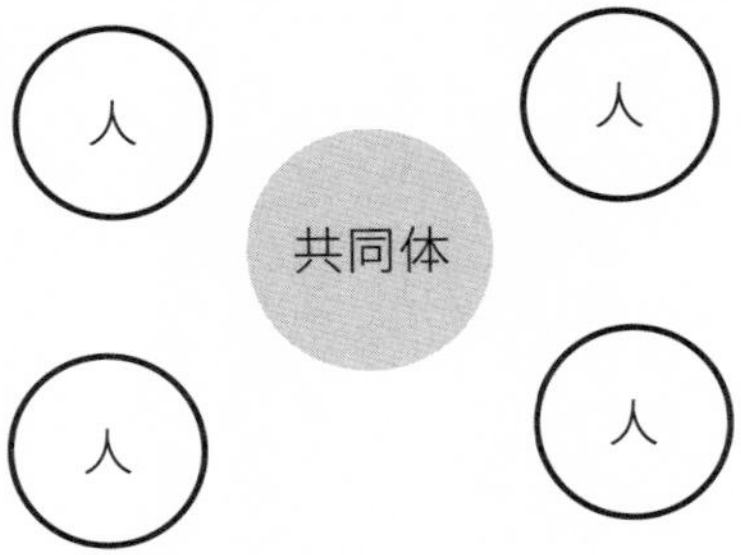

が、人間内部の「転」とは、個人意識の中の価値観の変換である。だから、一人ひとりで静かに立ち向かわなければならない。

かつて「家」に反抗した子どもたちは、「家」の外に飛び出し、家出をした。しかし、現在においては、「家」の内側に引きこもる。「家」の外もまた、大きな社会という「家の内部」にすぎなかったことを知るからである。

ニートとは、家の内側に向かった、家出だ。家出した先で、家の価値観に束縛されていない、自分自身の価値観を見つけるはずなのである。そして、辛く孤独な「とどまる」時間を通過した者だけが、やがて、「つながる」ことが出来る。

きちんと「とどまる」時間を通過していない者同士がつながっても、それは、擬似的な「ムラ」に何度も回帰するだけだ。そこからは、何度も「はじける」しかない。もう、はじける場所も、理由もなくなるために「とどまる時間」が必要なのだ。指導者も教祖もいない、純粋な個人として、意識を自由にできるものだけが、つながる意味がある。それが、ネットワーク社会である。

（4）つながる時代

戦争とは、古い共同体と共同体との争いである。一人ひとりの兵士は、個人である。その個人と個人とが、共同体の価値観とは別のところでつながっていけば、人類の新しい秩序が生まれてくるはずだ。

世界に新しい秩序を生み出すことが、人類をここまで進化させてくれた過去の人間や、すべての生命に対する現在の人間の果たすべき義務だと私は思っている。

やがて、あらゆる局面で原始共同体が消滅するだろう。家族が、地域が、国家が、宗教が、そして都市も消滅するだろう。世界には、一人ひとりの個人しかいなくなる。しかし孤独だけど孤立ではない。ひとりがすべてと、すべてがひとりと、あらゆる局面でつながっているのだ。クジラが保有しているといわれるテレパシーのようなものを想定して欲しい。ひとりが見たものは、その瞬間にすべてのものになり、ひとりが感じた気持ちは、たちどころにすべての人に伝わる。人間

4.つながる時代

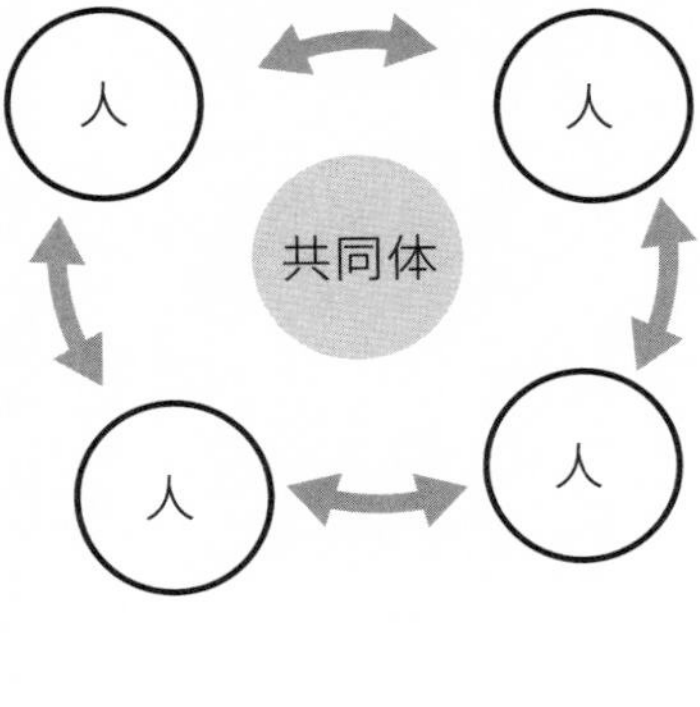

が開発してきた技術のすべては、人の思いを伝え合うものであった。

人間が一定地域や一定目的のための共同体の内部だけで解決処理できる問題など、これからはどんどんなくなる。共同体や個人が、地球の上でバラバラに好き勝手に行動できるほど、これからは甘い時代ではない。私たちは、寝ていても食事をしていても瞑想していてもセックスしていても、常に、すべての他者とつがりっぱなしの環境で行きていく。

生物が生まれ、人間が生まれ、社会が生まれ、個人が生まれたように、やがて、なにもかも死んでしまうわけだ。これまでにも数多くの生が死に、共同体が滅びた。人類もやがて死を迎えるだろう。しかし、その死が、人類が自らの首を締めるような自殺行為によってではなく、ある正統な時間の流れにそった自然死であるのなら、決して崩壊でも破滅でもないはずだ。生ある時は生き延びることに意味があるが、死す時は同じように死ぬことに意味があるはずだ。私たちがどのような結末をもって終了するのか、説明できるものは誰もいない。それは、私たちが「説明する理由」の範囲を超えている。だがしかし、死ぬ理由があって死ぬ時は、滅びではなく、新たな別の誕生であるに違いないのだ。

最後の社会を「涅槃《ねはん》社会」と名付けたい。

第七章

コロナ渦以後の社会に向けて

近代・戦後社会の転換

1. 教育とビジネス

20世紀は製造とサービスが社会の大きなテーマであったと思う。さまざまな商品が生まれサービス業が発展した。その推進エネルギーになったのがビジネスである。何かを作れば売上が立ち、何かを売ればマージンが入った。経常利益が、いわば学力テストの成績のように映り、人々はガリ勉をするように働いた。成績のよい人間は、１００点満点のテストなのに、１億点とか、１兆点とかといった成績表を自慢する。それに何の意味があるのか？　死んでしまえば０点に戻る試験で。自らの人生や社会を豊かにするための勉強なのに、点数獲得が目的になってしまっては、肝心の自分自身が消えてしまう。自分が生まれた意味と価値は、試験の点数で測れるのか。

確かに、競争の原理は、ライバルを意識して自らを律し、切磋琢磨して戦う組織を作っていく。そのことによって豊かな社会が実現出来た。しかし、あらゆる領域でビジネスの原理が当たり前になることによって、失われた仕事がある。

私は、それが「教育」と「医療」だと思っている。教育と医療はビジネスの原理にはなじまない。現在、教育はサービス業だと思っている人が大半だろう。サービス業である限り、学生は顧客であり、顧客のニーズに応えるのが大学の役割である。本当にそうか。

教育というものは、本来、学びたい人が「教えていただく」という態度で師の元に集まったのではないのか。吉田松陰に教えを乞う塾生たちが集まって松下村塾が運営されていたのではないのか。医療もまた「治してください！」と懇願して医師の元に駆け込んだのではないのか。「お金を払っているのだから、病気を治せ」というものではない。にもかかわらず、クレーマーのような患者が多発している。すべて「お金の原理」が社会全体を支配してしまったからだ。

現在、大学では、先生も生徒の成績を採点するが、同時に、生徒も先生の評価を採点する。生徒の評価が悪ければ、おそらく首になる。ビジネスとして考えたならば当然の方策であろう。しかし、何か納得できない感情がある。教育がサービス業であるとしたら、教える側の意志よりも、学ぶ側のニーズが重要になる。顧客としての学生の快適性を重要視して、キャンパスの施設や設備が充実する。都内の大学の教室は高層化していく。そのコストは授業料に転化され、私たちの学生の頃と比べ物にならないほどの高額の授業料になった。教育がサービス業である限り、その負担は消費者である学生が負担することになるのだ。

そして、教育がサービス業であると学校側も認識しているから、不合理な要求をしてくるモンスターペアレンツが登場して来ても、強く拒否できなくなる。

都内を歩いていて嘆く。これから少子化になるというのに、大学が高層化して教室を増やしてどうするつもりだ。タワーマンションの愚と同じ道を大学は走っているように思う。教育をビジネスとして捉えているから、学生（顧客）ニーズに合わせて、快適なキャンパスライフを演出する競争に走っているのだろう。しかし、そこに本当の意味の「教育」があるのか。

戦後社会は、駅弁大学（駅弁を売っているような主要な駅にはすべて大学があるという意味）という大宅壮一の言葉が表しているように、日本各地に新制大学が乱立した。それは、敗戦によって焦土となった日本を復興するために、産業の主体となる企業に人材を送り込むための政策であったのだろう。企業人材、すなわちサラリーマン養成機関の役割を担った。学生が大学に入るのは、自らの内面のテーマを明らかにするためではなく、大半が大学卒業資格を得て社会人パスポートを求めるためだろう。

しかし、そういう20世紀の発想はとっくに終わっていると思う。企業の方でも、単に安定思考で入ってくるだけの人材への興味は失っているはずだ。しかし、一度作られたシステムは簡単には崩れない。いまだに高度成長前夜のように、学生は就職のことを第一に考え、企業も相変わらず偏差値の高い大学からの学生を採用するしかない。現在の大学の主要な役割は「就職予備校」であり、企業に就職するためのサービス産業である。しかし、もはや永遠に安定する大企業などはない。「教える・学ぶ」という本来の教育の意味はどこにあるのかを、私たちは、もう一度考え直すところから始めなければならない。

大学の授業料は高い。昔は苦学生がバイトしながら大学に通う姿が珍しくなかった。しかし、今のバイトの時給では、とても授業料を払えない。昔は、留年学生が多く、8年間フルで在学して長老と呼ばれる学生もいた。しかし、今はいない。留年したらその分、授業料の負担がかかるので、1年で駄目だと思ったら退学してしまう。大学キャンパスに、怪しい長老をみかけなくなった。大学が、自分の人生をゆっくり考える、無重力の環境から、就職一直線の高速ベルトコンベアーに変化したのだと思う。

教育がビジネスになることによって失われたものを、もう一度、思い出したい。それは「教えたい教師」と「学びたい学生」との関係の再構築だろう。それは、ビジネスを否定するということではない。近代のビジネスを超えるビジネスを設計するということになるであろう。

2．明治の方法論を終わらせよう

明治維新は、村的ふるさと（藩）の連合体であった江戸幕府時代を一気に終わらせて、日本列島でひとつの日本という近代国家を形成する国家革命であった。それは迫りくる欧米列国に対抗するための唯一の手段であった。あと10年開国が遅れたら、日本も中国のようにアヘンで侵略されたかも知れない。

江戸時代においては、国とは郷《くに》であり、生活範囲のエリアであった。「おらがクニ」というのは、それぞれの故郷のことであり、生活や産業のベースは農業であった。

日本が近代国家になり、農業から工業を基盤にした時に、資本や人材は故郷の村から都市に集中した。工業には地域を越えた市場があり、統一した技術取得が必要だったので、東京や大阪・京都などの都市部に優秀な人材が集まり、近代技術を学び、近代国家の発展に尽くした。

そうして出来た近代日本の成長モデルは、しかし、とっくに終焉している。終焉とは、ある意味、方法論の完成であり、もういくら同じ軌道の方法論を突き詰めても、未来には到達しない。

私たちに必要なのは、これまでの方法論の研磨ではなく、根本的に新しい方法論とその目標を定めることだ。これまでの方法論が「集中・巨大・効率・競争・量・集団」などの意志で構成されていたとしたら、次の方法論は、全く逆の意志で構成されなければならない。すなわち「分散・適量・適正・融和・質・個」となるであろう。それは、都市への集中を目標とする時代の方向性を逆転させる、地域のふるさとへの回帰運動であり、地域の再構築であろう。

都市を捨てて「村的ふるさと」に帰還することではない。都市の住民もまきこんで「都市的ふるさと」を地域に創造することである。土地固有の価値を活かしつつ、明治以前の村的ふるさと観を越えたところで、外部からの流入をうながすような地域にしなければならない。かつての村の若者が憧れていた東京のように、地域が都市の若者たちの未来を感じさせるような輝きを発しなければならない。そうした地域が日本各地に生まれて、都市の若者たちが選択に苦しむぐらいに、それぞれが個性的でなければならない。そこには都市の若者だけではない、世界中の若者たちが集まるだろう。好条件で若者を釣るのではない、その地域の魅力に惹かれて自発的に集まってくるのでなければ意味がない。

明治以来の方法論に固執している限り、中央政府も滅びるし、その前に中央に従属してきた地域が崩壊する。今、必要なことは、明治維新の時の若者が抱いたような、まだ見ぬ未来社会を想像するビジョンを描くことであり、旧来の方法論に対する絶望感である。

3. 新しい国家１００年の計とシュタットベルケ

政府もまた変革を迫られている。明治維新で築かれた国家１００年の計画が実現した時に、次の国家１００年の計がどこにも現れなかった。相変わらず、明治維新の論功行賞のような一族が政治と官僚の世界を支配しているように思える。明治の方法論を否定するような、新しいリーダーが必要になってくると思う。それはもう中央には現れないだろう。地方やテーマ別の現場の中に登場するだろう。

明治の国家１００年の計は、近代国家に必要な要素を個別に追求した。「産業」「金融」「交通」「通信」「教育」「文化」「医療」「住宅」「廃棄物処理」「軍隊」「消防・警察」などである。それらのニーズに合わせて国家中央に官公庁が生まれ、半官半民の公共事業組織が生まれた。国鉄や郵便事業や専売公社などの有力な公共事業組織は民営化された。今後も、さまざまな公共事業が民営化されていくだろう。

しかし、この民営化は、単に親方日の丸の官僚組織が、トップダウンの大企業に変わっただけで、明治以来の方法論は少しも変わらない。相変わらず「集中・巨大・効率・競争・生産量」だ。結果的に利を得たのは大企業の大株主になった海外資本だろう。

必要なことは、「移し替え」ではなく「根本的な変革」である。地域に、「産業」「金融」「交通」「通信」「教育」「文化」「医療」「住宅」「廃棄物処理」「消防・警察」の中心を移動させるのだ。

最近、「シュタットベルケ」の方法論が話題になっているが、おそらく、これが近代を超える、新しい方向性だと思う。シュタットベルケ(ドイツ語STADT WERKE　英語public utilities)は、ドイツにおいて、電気、ガス、水道、交通などの公共インフラを整備・運営する自治体所有の公益企業のこと。近代国家においては、首都・中央が国家全体のインフラを担ってきたが、次世代においては、地域が地域の特性に合わせた公共事業を推進することになるだろう。特にエネルギーは、効率優先の中央管理型ではなく、地域に応じた環境エネルギー政策が必要になる。

地域に新しい「生活国家」を建設する運動だ。そう、大袈裟にいえば、人類は、近代国家を超える、新しい地域ネットワーク型の「国家観」の創造が必要な局面に来ているのだろう。

4．社会実装ハウス

こうした時代潮流を背景にして、私たちは、「社会実装ハウス」(詳細については第二編の企画書集を参照)を日本各地に作ることを計画している。簡単に説明すると「ソフトハウス企業と連携して、10人程度の若者が1年間の共同生活を送る施設を設置。午前中は一般教養を、午後からは、実際の仕事や作業を行う。授業料、家賃、生活費は無料。実際の仕事をこなして、その利益で運営をまかなう」。

これからの社会の基幹エンジンはコンピュータであることは間違いない。農業も漁業も林業もサービス業も教育も医療も介護も子育てもお祭りも住民交流も、すべての基礎になるのが、コンピュータ技術である。その業務をこれまでのように中央の企業に発注していては自立した経済や文化を成立させられない。社会実装ハウスは、地域の若い人材を即戦力のＩＴエンジニアに短期で育成するシェアハウスである。地域のＩＴ化の業務を、地域の若者を育成して、彼らに発注するサイクルを作れば、東京の大手企業に発注する必要はなくなるし、地域に仕事があれば若者流出も防げる。未来は若者を育てることでしか、手につかめないものなのである。

地方都市の優秀な若者は、都市部に出て行ってしまう。それは、地域に若者を惹き付ける未来のイメージがないからだ。しかし、アジアなどの優秀な若者は、東京ではなく、地方に集まりつつあると聞いた。彼らは、日本に行きたいのであって東京に行きたいわけではない。東京のように家賃も生活費も異常に高い環境よりも、地方都市であれば、今は利便性も高く、自然や風土の魅力にあふれているからだ。社会実装ハウスでは、積極的にアジアの若者たちを受け入れていこうと思う。

この拠点を核にして、電力も貨幣も地域データセンターも文化も事業承継も、地域で循環するような、新しいコミュニティインフラを作っていきたい。まずは議論を。そして行動を進めたい。

これまでも「地方創生」は自民党の石破茂さんを中心に、何度も政治テーマになったが、成功したとは言い難い。それは中央が理想だけを語り、現実的な仕組みについては地方に任せてしまったからではないか。経産省も地方分権を語りながら、決して自分の世代で実現しようとしなくて、課題を常に先送りしてきたように思う。そして、地方創生の最大のネックは、いまだに中央志向で、自らの地域での自立した行動を示さず、余所者を排除しようとする、明治近代以前の地域そのものの意識ではないだろうか。

今は中央とか地方とかの個別の問題を語る時ではない。日本国そのものが危機に瀕しているのだ。さまざまな地域、さまざまな現場の方々との交流を通して、子どもたちに次の時代の地域生活のフォーマットを提示していきたい。

5. 1997年という変換期

仕事をする人は、すべて文化の担い手である。飲食店の店員は食文化の、タクシーの運転手は交通文化の、コンビニの店員は商業文化の、看護士さんは医の文化の、それぞれ人類が長い間に蓄積した文化的遺産を継承し、未来につなげていこうとする行為である。ただ現在の業務が存在しているのではない。それぞれの業務において人類総体の経験と知恵が堆積されている。そしてこれからは、各々の文化を支えるものとしてコンピュータ文化がベースになる。各々に発展してきた文化を支え、つなげる文化がコンピュータ文化である。

今、私たちは二つの大きな変革期に来ている。それは、人類史的な観点から見ての大変革期と、近代日本という個別社会の文化においての大変革の時代である。私たちは、その両面をみながら進まなければならない。

最初に変わるべきは教育環境である。古い時代構造を越えて、新しい時代を切り開くのは私たちではなく、私たちの子どもたちである。新しい時代に即した未来への環境と手法の開発が急務である。

２０１８年の文科省統計によると、小学校の生徒数は６，４４８，６５８人、中学校の生徒数は３，３３３，３３４人であり、このうち長期欠席者は小学校７２，５１８人、中学校１４４，５２２人。病気による長期欠席も含まれるので、文科省が確認している不登校児童生徒数は、小学校３５，０３２人、中学校１０８，９９９人、小・中の合計で１４４，０３１人（前年度１３３，６８３人）であり、毎年、増加している。

学校に行かない子どもたちの増大は、個別にはさまざまな問題があるのだと思う。しかし、根底にあるのは、現代の学校が子どもたちにとって魅力的なものではなく、むしろ、そんなところで教育を受けたくない、という本質的な拒絶感があるのではないか。

不登校の生徒は１９８７年から急増している。87年は日本のバブルの最盛期であり、金利も高く、溢れ出た余裕資金が、さまざまな投資と浪費に使われた。社会は賑やかな繁栄に覆われたが、その反面、人の内面を鬱屈した感情が蝕んでいった。今から考えると、あのバブルはかつてのアヘン戦争のように、貨幣経済をアヘンのように使っていたのかも知れない。お金のアヘンが社会そのものを蝕み、人心を荒廃させた。

87年から10年たった１９９７年、欧米では20世紀を終了し、21世紀に向けての準備をはじめていた。世界は新しい文明の登場を感じていたのだと思う。それはパソコン通信からはじまり、インターネットの環境が世界に広がっていく情報化社会の波に乗って進んだ。欧米や中国、韓国も、その波に乗って時代を突き進んで行ったが、日本だけ取り残されてしまった。政治や経済という、時代の指導者が、日本だけ旧来の体制と価値観に縛られていたからだろう。

未来を生きる子どもたちが時代の流れを察知し、現在の学校を時代の流れから取り残された「非インターネット環境」であると感じてもおかしくない。インターネットは相互コミュニケーションの空間であるが、学校はピラミッド型の旧来組織の構造のままであり、またそうしたピラミッド社会で生きていくための人材を育成するところから抜け出せなかったのである。

老人よりも未来を生きる子どもたちの方が、未来に対しては当事者であり、当事者意識が高い。

彼らが失った信頼感は、もしかしたら、学校そのものではなく、学校に代表される、大人たちの生き方に対するものなのかも知れない。彼らの生理的反応を注意深く見ながら、新しい生育環境を用意していかなければならない。教育から「生育」への道がある。

6. 21世紀型スキル

20世紀近代は、組織と組織の戦いの時代であった。企業も宗教も文化もメディアも国家も、弱い組織を攻撃して吸収し、巨大化し、強固にしていくことに情熱をかけた。しかし、インターネットが実現する新しい世界秩序は、近代の方法論とは真逆で、単一の巨大組織という価値観で統一するのではなく、多様な個人やコミュニティの個別性を尊重しながら、ファンクショナルな関係性を保証する。

そういう大きな流れはとっくに見えていたはずである。しかし、日本の政治や企業は、バブル以後、企業間の合併吸収を促進し、「集中と選択」という悪魔の戯言を信じてしまった。あの時代のスローガンはそうではなく「分散となりゆき」なのではなかったのか。「なりゆき」とは、地域や個人や事業部などの個別性に委ねるということである。それが出来ずに管理の時代を徹底して崩壊した大企業は少なくない。

日本の基幹産業であった家電メーカーのいくつかは巨大になって、「集中と選択」をしたが、破綻して外国に売られた。巨大化した日本の大企業は機動性と多様性を失い、その利益を経営者や社員以外のものに合法的に吸われ続けている。

21世紀型スキルとは「集中と選択」を標榜していたアメリカ自身の中から生まれてきた新しい方法論への模索である。近代の戦争は軍隊の巨大化とシステム化を推進することであり、その組織はピラミッド型の上意下達方式である。しかし、アメリカで9・11の事件が起こり、テロとの戦いを行う上で、上意下達方式では、戦うことが出来ないことを知った。正規軍同士の戦いであれば、強固な組織論で進撃すればよかったが、テロとの戦いにおいては、不意に攻撃された現場が指揮権を持ち全体を動かしていかなければならない。そのためには、上からの命令に忠実な人材だけではなく、自分の判断力で行動を決定する人材が必要になってきたのだ。

まさに、単一の巨大組織が戦う20世紀型の組織論ではなく、インターネットのような人類の新しい環境の中で力を発揮できる、新しい人材育成の考え方である。

7. 個人の時代とは何か？

さて、「これからの社会は組織の時代ではなく、個人の時代だ」とは、よく聞かれるスローガンであろう。この場合の「個人」とは何か。それは組織に頼らなくても、生きていける人のことか。自らの素質と方法で、しっかりと自立した人のことか。

それは違う。その「個人」とは、あくまで組織や因習に支配されていた近代の中で発生した、近代的自我としての個人でしかない。組織や社会と対峙し、独立した価値観を持つ人間か。そうではない、それは、旧来の価値観の中での個人（エゴイスト）でしかない。

最初に書いたように、私たちの仕事は人類の文化の延長線上にある。その文化をより発展させるために、近代文明はさまざまな模索をした。機械による生産・流通の効率化があり、組織マネージメントによる組織の効率化があった。その果てに、私たちはコンピュータ文化を獲得し、近代を超える新しい文明社会に突入しようとしている。

そこでの「個人」は、組織と対立する個人ではない。近代的組織が自滅していく過程の中で、組織が担っていた役割を、自らの内部に包み込んでいく「個人」である。すなわち個人という個別能力や意志を持ちながら、社会や人類全体の課題を内包した人類が登場するのである。私人でありながら公の視点を持ちうる人間である。

単なるワガママや自己主張の強い人間が個人ではない。近代の中で生まれた子どもっぽい近代的自我が成熟して、それぞれの内部に宿りつつあるのだと思う。

政治権力や社会構造が変わっても、そこに存在する人間が旧来のままであれば、世界は何も変わらない。すでに内部に宿りつつあるものを信じるならば、あとは、それぞれの人が生活の現場で、新しい構造への展望を模索すればよい。今の自分の仕事が未来に向かってのものなのか、過去の体制を温存延長させるものなのか、それぞれが検証してみることが大切だ。すべての仕事は、人類の文化につながっていくものだから。

8. コミュニティは作れない

これからの社会やビジネスに「コミュニティ作り」が大切だと思っている人は少なくないだろう。都市化や情報化により、個人が古い共同体から切り離され、孤立化していく状況の中で、「コミュニティの蘇生」は魅力的なテーマである。しかし、いきなり「コミュニティ作り」を急いでは、何も生まれない。

私の義弟の小林秀樹は大学の教員だが、彼が30年近く前に書いた「集住のなわばり学」（彰国社　1992年）という本がある。大学で地域コミュニティ論を研究していた彼は、植物や動物や人間の「なわばり」の構造を研究していた。下町のおばさんが、路地裏で鉢植えした朝顔を路上に並べるのは、通り抜けや余所者を排除する意識からだ、というようなことが書いてあった。その本が示していたことは、コミュニティより先にテリトリーが必要だ、ということだ。

コミュニティとは、ある特定のテリトリーの中で、日々の生活の中で自然と育まれるものである。だから、第三者がいきなり「コミュニティを作る」というのは、傲慢な勘違いである。地域設計者が出来ることは、「将来のコミュニティが育成しやすいようなテリトリーの環境を作ること」なのだろう。

私は１９７０年代に「ポンプ」という参加型メディアを作った。日本中の誰もが投稿出来て雑誌になって、その言葉が各地の書店に並ぶシステムだ。そこでは、そういう装置を作ることが役割だと思ったので、すぐれた投稿者を特別に扱ったりはしなかった。編集長である私自身も、何かを言いたい時は、１人の投稿者として投稿していた。メディアが才能や権力のある人たちの一方的なメディアである状況に対して、一人ひとりの立場から声をあげ、集められるシステムを目指した。「逆流の思想」と自分で呼んでいた。それは、まさに「新しいテリトリー」を作り出すことであり、その中で生まれる関係性や共同性は、自然に生まれてくるものだと信じていた。

旧来型の編集者には物足りない方法だろう。当時、私自身も、そうした旧来型の編集者に責められたことがある。しかし、禁欲的に「内容を作り込まない。そこで生まれる可能性だけを信じる」というのが、当時も今の「未来フェス」をやっている時もある、同じ意識である。私が作ってきたのはテリトリーであり、その中で自然に発酵・醸成されるのがコミュニティである。

9. 戦後、人工的コミュニティ戦争

私は１９５０年、戦争の焼け野原のようなところから少しずつ復興してきた東京の新宿で生まれた。両親たちは、戦前は墨田区や台東区に生まれ育ち結婚して、父親は戦地に赴いた。私の本籍は子どもの頃は、台東区柳橋だった。

戦争が終わり、両親たちの故郷の東京下町は戦火に焼かれ、帰還した父親と母親は新宿の四谷若葉町に小さな家を手に入れて、私が生まれた。アニメ「君の名は」の聖地になった須賀神社の階段の下からひとつ裏側の路地のところにあり、須賀神社は、子どもの頃は「おてんのうさま」と呼んでいる場所だった。天皇陛下のことではなく「牛頭《ごず》天王《てんのう》・須佐之男命」を祀る神社だった。子ども時代は、須賀神社の崖を登ったり、お酉さまの時などは、親に5円玉をもらい、縁日で何かを買ってはダッシュで家に帰り、また5円をもらうようなことをしていた。四谷若葉町は、私の故郷である。路地裏には、子どもたちのガキ大将グループがあり、さまざまな路地裏遊びを楽しんだ。

故郷であるが、そこには先祖は眠っていない。戦地から帰還した人、満州から引き上げてきた人などが、たまたま販売していた土地を購入して住みついた地域である。一部では、他人の土地を勝手に分譲して、あとで裁判沙汰になったところもある。そうした、戦後の混乱の中で人々の生活の営みがはじまり、生まれも育ちも違う人たちが、共通のテリトリーの中で、ご近所付き合いをはじめる。

少しずつ生活コミュニティが生まれてくるのだが、人工的な環境なので、本当の田舎のような、先祖代々の風習もなく、歴史的な伝統も文化もない。何か、共同体を支える共通の基盤というものを人々は欲していたのだと思う。そこに登場したのが、2つの人工的コミュニティである。一つは日本共産党、一つは創価学会である。イデオロギーと宗教、それぞれの経典やドグマの下に、人工的なコミュニティを作り出した。インテリっぽい人は日本共産党の勉強会に参加し、学習をし議論しながら人間関係を深めていった。創価学会は「勤行」があり、あちこちの家から法華経を唱える声が聞こえはじめた。学会員同士は、さまざまな交流があり、新しい会員を集めるための折伏も行うので、関係性が深まる。東京の多くの地域住民が、この2つのコミュニティに所属するようになっていった。四谷から近い信濃町には創価学会の本部があり、代々木には日本共産党の本部があったから、それぞれの組織の会員獲得のためのオルグや折伏は、戦争のような状態であった。

つまり、日本共産党と創価学会は、戦後の崩壊した旧来のコミュニティの中で、人工的なコミュニティを作り出すことで組織的な発展を遂げたのである。だから現在も、日本共産党と創価学会を母体とする公明党が蛇蝎のごとく攻撃し合うのは、いわば共通の市場を奪い合うライバルの歴史があったからだと思う。

私の家は、父親が戦争帰りの楽天的だがニヒリストで、印刷屋をやっていたが、「印刷の仕事をくれるなら創価学会でも共産党でも入るよ」と言っていたが、実際はどこにも所属しなかった。この2つの組織に入ると、精神的な一体感をもたらしてくれるコミュニティへの帰属感だけではなく、生活や仕事のあらゆる便益や利益を与えてくれたようだ。戦後社会は近代からはじまった個人の歴史を更に進めた個人化の時代であるが、人工的なコミュニティに入れば、そうした孤立感も解消出来る。

母親は、創価学会には入らず、渋谷にあった本門仏立講という江戸時代の新興宗教のお寺に所属していた。私も子どもの頃、よく桜ヶ丘のお寺に連れていかれた。宗教は、本来、日常生活では出会えない人たちと出会い、共通の生活スタイルの中で連帯感も生みだすものだ。母親はお寺仲間と、よく遊びに行ったりおしゃべり会をやったりしていた。お寺の経理の手伝いをしていたりして、母親の葬儀も、渋谷のお寺で行われた。

都市住民は自らの住む土地に一族の歴史を持たない。孤立した近代的自我である。その不安定な基盤は、宗教やイデオロギーや、あるいは金や暴力の脅威にさらされている。そしてインターネットがはじまる。近代人は、更なる孤立感を深めていく。しかし、ここで幻影のイデオロギーや宗教のような観念の支配する人工的なコミュニティの世界から、もう一歩、次の歴史のコミュニティへと進む段階に来ているのではないか。

私は、それを「参加型社会」と呼んで、半世紀を生きてきた。上からの、誰かからのコミュニティ提案に従うのではなく、自分たちの内発的な意志を表現し、その表現のバイブレーションによって、新しいコミュニティ像を浮かび上がらせ、実体化させていくことが、「参加型社会」である。

強制されて生きる時代は終わりにしたい。誰かの利益ために、押しつけのコミュニティに強制的に所属することは止めにしたい。未来は、もうすこしで手に届くところに来ている。あとは一人ひとりの意志の問題だろう。

10. 教育ベーシックインカム

(1) 生きる意欲

ベーシックインカム(basic income)とは、最低限所得保障の一種で、政府がすべての国民に対して最低限の生活を送るのに必要とされている額の現金を定期的に支給するという政策。基礎所得保障、基本所得保障、最低生活保障、国民配当とも、また頭文字をとってＢＩ、ＵＢＩともいう。世界中で限定的なパイロットプログラムも始まっている。（Wikipediaより）

ベーシックインカムという言葉は以前より多くの人が語っていて、ベンチャーの成功者たちが実証実験をやりだしていた。コロナ渦において、スペインの経済大臣が、今こそベーシックインカムの必要性を言っている。

生産をＡＩやロボットが担うようになると、人間は生産労働から解放されて、生産によって生み出された利益は、国民の生活最低保障に配分されるべきだということである。

石油産油国であるサウジアラビアは石油販売で膨大な利益を得て、国民には所得税も消費税も住民税もなく、医療費も教育費も国家が負担していた。ベーシックインカムの先進国である。この石油資源のような「金の成る木」がＡＩとロボットによる驚異的な生産力向上による収益だと見込んでいるのか。

私は未来社会の構築のためには、社会システムの進化と人間意識の進化が同時に必要だと思っている。サウジアラビアで生まれた子どもたちは、苦労もなく一見、幸福そうに見えるが、生きる意欲についてはどうなのだろうか。

現在の私たちの意識のまま、ベーシックインカムを行っても、それは生活保護でしかない。それならば、むしろ、働いた者がきちんとした対価を得られるような社会システムを目指した方が賢明ではないか。

中国では、国家による国民の管理システムが急速に発達し、新型コロナウイルスの感染者の行動パターンは、中央ですべて管理されていると言われている。中国を20年ぶりに訪問した知人が、中国人の変化に驚いていた。20年前は、町は汚れていて、通行人はタンを吐くわ、信号は守らないわで、混乱していたという。ところが最近、訪中したら、町は綺麗で通行人のマナーも驚くほどよくなっていた。しかし、いろいろ聞いて見ると、国民の民度が急速に上がったというよりも、監視体制が出来ていて、信号無視をしたら即座に個人を特定されて罰金の請求が来たり、個人信用スコアにマイナスの評価がついてしまうからのようだ。

中国は、個人管理システムとデジタル貨幣の仕組みと生産過程のシステム統制が完成すれば完全な資本の再分配が出来る、というデジタル共産主義を目指しているようだ。それもまた人類の壮大な実験の一つであろう。

（2）学ぶことの意味の変換

私は２００１年に「インターネットは儲からない」（日経ＢＰ社）という単行本を出した。このタイトルは当時賑わっていたインターネット・ベンチャーブームを揶揄したものではない。インターネットはビジネスにならないのではなく、近代ビジネスを超えるものだ、という意味を込めてタイトルをつけた。

近代の躍進は、ビジネスという競争社会がライバルを生み、切磋琢磨して自らを強く育てていく方法が原動力になったと思う。だから、サウジのように無税国家を作っても無気力な若者を生むだけで、やがて石油が枯渇したら世界の潮流から取り残されてしまう。

その本で私は、「20世紀の最初のテーマは、教育と銭湯だ」と書いた。銭湯というのは、人が集まるコミュニティであり、裸で交流する場である。私が追求している「未来フェス」（第二編参照）は、まさに魂の銭湯をイメージしている。もうひとつは「教育」である。

教育というものを、これまでの近代の価値観の中でとらえると、それは、「学ぶことによって、他の人より優位になり、差別化をはかるためのもの」となる。人は学び、より社会を動かす中枢を目指し、競争し、富を得る。そのための手段としての教育である。学校もまた、そうした個人を育てるための仕組みとして発展した。

しかし、「教育」を全く違う視点でとらえることは出来ないか。学ぶことは自分のためでもあるが、同時に、自分が学んだことは、他者や世の中全体の資産になるととらえてみる。人類史から切り離された個人が強くなるために学ぶのではなく、人類の一員としてみんなのために学ぶ、という意識が起これば、そこでの学習は社会全体の資産になるわけだから、社会全体で支えることに意味がある。

すなわち、学んだ分だけ国家が個人に対価を支払うのである。誰かが学んだ知識は社会全体のメリットになる。インターネットというネットワーク機能が充実すれば、個人の内部に蓄積された知識は、瞬時に世界全体の資産となるのだ。

今は、まだ途方もないことに聞こえるかも知れないが、学ぶことの意味さえ変えれば、学ぶことは、やがて労働と同じ価値を持つ。

（3）これからの学校

やがて偏差値や有名校というレッテルは意味がなくなる。知識は共有されつつあるのだから。学問の最先端は、大学という箱にあるのではなく、個人の頭脳の中にある。有名大学だから、他の学校とは違う教育メソッドがあるわけではない。学問の伝統も80年代に発展したデータベースによって意味を失っている。

偏差値の高い進学校が、特別、普通の高校と違う何かがあるわけではない。そこには、ただ偏差値の高い大学に入るだけの素質のある高校生が集まってくるだけだ。N高等学校という、ニコ動のドワンゴが作ったオンライン中心の高校が人気で、卒業生が続々と東大や慶応に合格している。しかしそれは、N高等学校のオンライン教育システムが優秀というよりも、もともと優秀な素質のある子たちが既存の学校制度の未熟さに耐えかねて不登校になり、そうした子を吸収する場を作ったからではないか。

新しい学校は、そうした既存社会のシステムに耐えられない子たちを集める場になるだろう。そしてそのためには、親が変わらなければならないと思う。学校現場に触れるたびに、旧来社会の原則がこびりついた親の姿をよく見る。

社会がよりよい方向に変わるためには、装置や仕組みの改良も必要だけど、人間の意識を未来に開かなければいけないのだろう。

第八章

人類の道

（1）海からの逸脱

もういちど「時の玉ねぎ」を剥いてみよう。

40億年前に、原子生命が誕生した。そこから更に時間がたって、海中に光合成をする藻類（シアノバクテリア）が誕生し、二酸化炭素を吸って、酸素（オゾン）を発生するようになる。酸素があふれ、地上に空気の層ができる。

海で生まれたものは、陸という大気の中では生きていけない。海という環境の中で生まれた生物は、海という環境の中で生きられるように進化してきたからだ。

しかし、その環境の中の生命進化が成熟を迎えると、その環境から逸脱しようとする生命体があらわれる。海という環境ではなく、未知の大気という環境にはみだしていく者たちである。それは、少しずつ環境に身体をなじませながら、両生類を生み、やがて陸上の大気の中で生きられるように変化していく。

そうして陸の生命体が発達し、やがて哺乳類になり、人間が誕生する。海から陸へ上がる時に、生命体に重要な変化が起きた。

生命は「海」で生まれた。その時、生命は「海」という環境に包まれていた。しかし「海」という母なる環境から逸脱しようとする生命体に起きた根本的な変化とは何か。

それは、海という環境から生まれた生命体が、海という環境を逸脱する時に、体内に「海」を内包したのである。私たちの体内に流れる血液や体液は、海の成分である。

人間の本質である動物的生命体は、海からやってきて、海を内包する生命体へと進化したのである。そして私たちは、与えられた環境から逸脱してきた生命体の子孫である。与えられた環境を体内に取り入れて、人工的な環境を内包する存在である。

（2）陸の時代

陸＝大気の中で生活した生命体は、恐竜の時代を経て、猿人から人間へと発展していく。

陸の時代を先行していたのは、動物ではなく、植物である。植物は、「二酸化炭素」を吸って「酸素」を吐き出す。陸を支配していた植物は陸を支配したが、大量に存在したため、酸素がいわば公害として地上にあふれた。

つまり「二酸化炭素」を排出して、酸素を消費する、植物と対極の存在である「動物」が必要だったのである。植物が動物を作ったとも言えるし、植物と動物の上位に、何事かの「意思」が働いたのかも知れないが、それは人間が理解する範囲を超えている。

人間が二酸化炭素を大量に排出する存在になったのも、何かの意思が暴走したのかも知れない。

（3）社会の時代

そして、人間は意識を発見し、それを仲間たちの共有財産として「言葉」にした。父親が体験したことを言葉にしておけば、子どもや孫にも体験として伝えることができる。それが「文化」だ。更に人間は「火」を発見し、自然エネルギーの利用を覚える。ギリシア神話のプロメテウスは、「火を盗みし者」として人類に火を与えた。人類はそれで暖を取り、技術を発展させたが、やがて戦争の火器へとつなげてしまい、プロメテウスがゼウスの怒りを買う。

動物は、個体の生存中に見たり感じたりしたものを、遺伝子の形で子孫に伝える。人間もそのようにして猿人から進化したわけだが、人間は物理的遺伝子だけではなく、さらに情報的遺伝子としての「言葉」を開発する。

その「言葉」の集積によって出来たのが「社会」である。故・山手國弘さんは、人間には「社会的遺伝子」があると語ったが、そのような社会的遺伝子を継承しながら、人類の社会は、共同体を生み、村を作り、都市を作り、近代国家を生み出した。

私たちは「社会」という共同体の中で生まれた子どもたちだ。無人島で一人だけで動物のように生きることは可能かもしれないが、人間として生きるとは、社会の中で、社会に参加して生きていくことなのだ。

社会という共同体において必要なものが2つある。それは「法律」と「貨幣」である。法律がなければ動物のように弱肉強食になってしまう。貨幣がなければ、生産活動や商取引がうまくいかない。つまり社会を営むためには「約束事」（プロトコル）が決められている。

「掟」「道徳」「マナー」「法律」「憲法」「貨幣」など、社会は人間の決めた約束事に満ちている。私たちは、人工的に作られた規範の海で生まれ育った生命体である。

さて、ここからが現在である。私たちは「社会的な人間」から次の段階に進もうとしている。近代国家が成熟し、国家として主体性を主張しあう大規模な戦争も、物理的に不可能になっている。私たちは「社会」から次のステージに移行しようとしている。それが「情報の世界」である。

地球の物理的な環境の中で、最大限の機能を発揮したのが近代国家だとしたら、これから進む「情報」の世界は、物理的な制限を受けない、人類にとって未踏の環境である。

私たちが「はみ出し者」の系譜の延長線上に生きている者ならば、社会という環境から、「情報」の世界へ、はみ出していかなければならない。それは、すでに、世界各地で同時多発に行われている現実である。古い社会の側から見れば、それは「オタク」であり「ハッカー」であり「ニート」であるかも知れない。しかし、そうした動きの中でＧＡＦＡのように、新しい大陸で巨大な産業を築いた者もいる。しかし、ＧＡＦＡどころではない。もっと巨大な流れを人類は作り出すだろう。

私たちが「社会」から「情報」という環境へ移行する時に必要なことは何か。それは「時の玉ねぎ」を剥くことによって、涙とともに理解することが出来るだろう。

生命は、海から陸にあがり、陸の上で人類は「社会」という人工的な生存環境を作った。そして、再び、生命はあらたな環境へと移ろうとしている。

海から陸に移動する生命は、大きな変化を遂げた。それまで海という環境の中にいたのが、全く新しい陸の環境に移った。それは、自分の体内に「海」を持つということだ。私たちの体内の血液や体液は、「海」なのだ。

海から陸に上った生命が、それまで外部環境であった海を、自らの体内に取り込むことによって新しい環境になじんだように、「社会」から「情報」へ進むためには、社会の中にあった約束事を、自らの体内に持つ必要が生まれるだろう。

社会において、人が人を殺してはいけないのは、そこに法律があるからだ。法律を無視しては社会という環境は成立しない。しかし、新しい環境である「情報」の世界には、旧来の法律は成立しない。地理的環境に規定された国家という範囲も成立しないのだから。

情報の世界においては、「法律があるから人を殺さない」のではない。法律がなくても人を殺したり騙したりしない人だけが、生存を許される環境なのである。すなわち、人類がこれまで経験した中で築いてきた法律や規律を自らの体内に内包した生命体だけが、次の情報という環境の中で生きられるのである。貨幣が必要だったのは、人間関係に不信感があったからである。そうした不信感を払拭した情報的人間が登場する。

その進化までには、まだ途方もない時間がかかるのだろう。私たちの現在は「社会環境」と「情報環境」の両方を、おっかなびっくり行き来する、両生類のような存在である。しかし、確実に、私たちが将来、生存する環境の姿は見えているのである。

情報化社会という言葉を作った故・林雄二郎さんは、新しい環境の中で生きるために人間が必要なものを「社会的ソフトウェア」という言葉で追求した。林雄二郎は、その回答を得ることなく他界してしまった。「社会的ソフトウェアとは何か?」ということが、過度期の人類にとって、最も重要な課題であることには疑いがない。

（4）望郷としての海

私たちは、海からやってきた生命体一族である。母なる海は子宮の羊水である。私たちは、社会的生活に疲れると、海に向かい、水と戯れる。夏は海水浴、冬はスキー場。雪もまた海が変化したものである。温泉に浸かり、半身浴でリラックスする。自分たちがやってきた場所に帰郷するのである。

社会から情報への移行には、まだまだ困難な歴史を人類は経験しなければならないだろう。現実的には、アメリカの感度のよい若者たちは、ＧＡＦＡが代表するように情報こそが新大陸であるとしてゴールドラッシュよろしく先行している。しかし、人類史にとっても、巨大な経験を持ち人類全体に恩恵を与えた中国文明を持つ中国は、情報テクノロジーすらも武器として、一帯一路のリアルな世界での統一国家を目指している。

曹操孟徳を描いた「蒼天航路」（王欣太＋李學仁）や、秦の始皇帝を描いた「キングダム」（原泰久）などの古代中国を描いたマンガを読んでいると、そこに登場する指導者、軍師、武官など

生命と環境の変遷

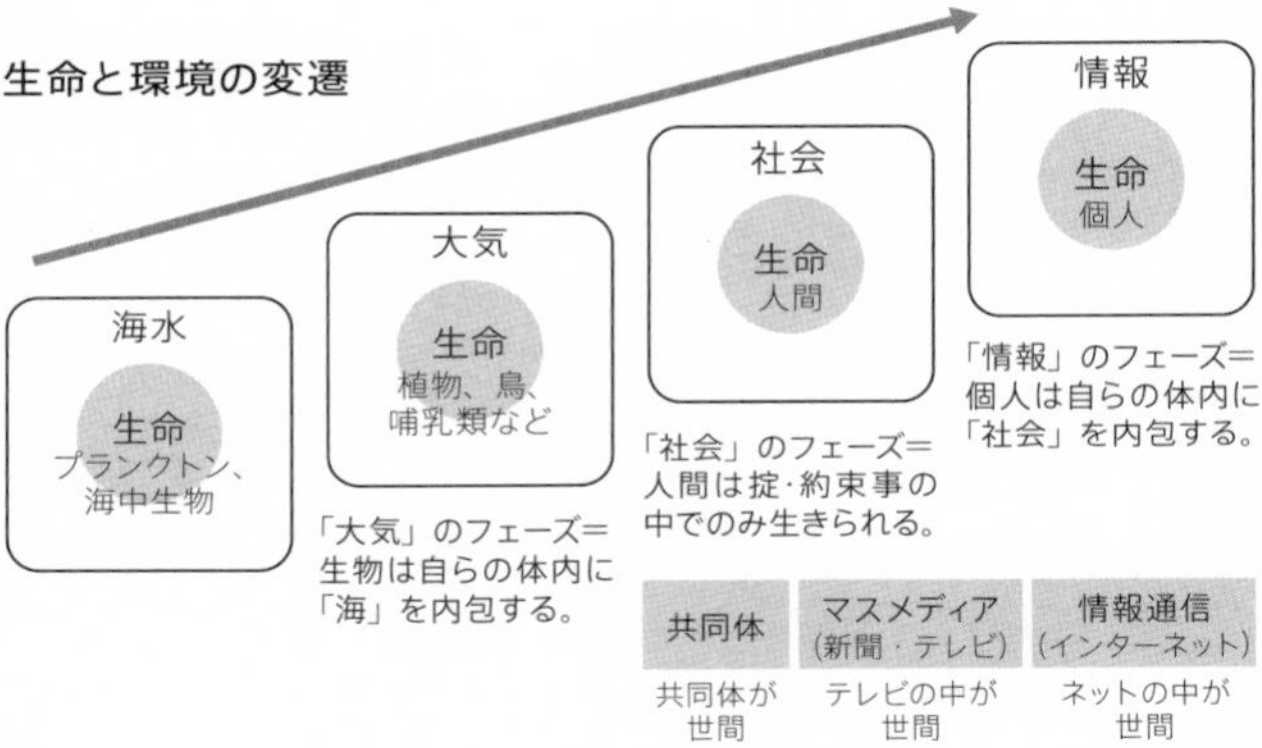

の姿を思い浮かべ、「ああ、この国とは戦争したら、叶わないな」と思う。アヘンで衰弱させられた時代ならともかく、世界標準のＩＴ技術で武装した現代中国の方法論も、また人類の方法論の一つになろう。

しかし、現実的な社会の拡大による世界統一は、やがて崩壊する。それは、人類そのものが、社会から情報へという環境に大きく移行しているからである。やがて、中国の中からも、社会による規則からははみだしてくる個人が無数に生まれてくる。それは、生命原理の必然性であるからだ。

まだまだ途方もない長い時代を生きる役割を人類は担わされているのだと思う。少しずつ、這いつくばってでも、前へ進む。すべての個人の可能性追求は、人類の可能性の追求の一つなのである。

第二編

企画書集

人間において、あらゆる職業、
あらゆる趣味、あらゆる生活は、
人類の経験が生み出した文化である。
どういう文化の担い手になるのか。
それを一緒に考えるのが、これからの教育である。

企画提案書

01

ネット

記憶の骨董屋

豊かな人生とは
思い出に生命力を
与えられること。

企画提案書 01-1

記憶の骨董屋

ネット

企画趣旨

数学者たちが作ったGoogleがすべての現実をデータ化していく。ダニエル・ブーアスティン(アメリカのメディア思想家。「幻影の時代―マスコミが製造する事実」1962年)は、「広告は真空を嫌う」という言葉を語ったことがある。消費資本主義の時代には、人間の視界に入るあらゆる物体が広告媒体になった。葉書の宛名の下にも、ユニクロで買ったTシャツにも、スーパーで野菜を買ったスーパーバッグにも広告がプリントしてあったりする。

そして、情報資本主義の現在、「Googleは真空を嫌う」。あらゆる事実、あらゆる現象、あらゆる行動をデータ化していく。膨大なデータとAIによる推論機能が高度化したら、データを分析して私たちの行動パターンも想像出来てしまうのだろう。

しかし、Googleがいくら高度なデータ収集システムを開発しても、辿りつけない領域が世界にはある。それは、個人の中に眠る「思い出」である。思い出は、一人ひとりが異なる体験であり、普通は、思い出すこともなく記憶の海に沈んでいる。思い出は、それを語ることなくしては、Googleにも把握出来ない情報である。

語った瞬間にGoogleは襲いくる大群のイナゴのように、私たちの言葉を覆い尽くし、情報アーカイブの一部として取り込んでしまうだろう。その取り込まれる瞬間までは、自分のものである「思い出」を使って、新たな現実を作っていこうというものが「記憶の骨董屋」である。

企画提案書 01-2

記憶の骨董屋

ネット

企画内容

1. Google Mapsは、現在の地図情報を正確に伝えている。

2. これを、1960年、1970年、1980年、1990年、2000年、2010年の時点での地図情報に作り変える。例えば、1960年ボタンをクリックすると、1960年時点での新宿の地図が現れる。

3. その地図上の店舗や施設をクリックすると、その場所についての「思い出」を記入することが出来る。

4. 「飲み屋で出会った人の思い出」「スポーツクラブで行ったイベントの思い出」「デパートで買ったアクセサリーの思い出」「レストランのシェフの思い出」など。

5. そうして多くの人が、それぞれの場所についての思い出を書き込む。「思い出のコミュニティ」が出来る。

6. レストランに通っていた人や店長やアルバイトしてきた人たちの「思い出同窓会」が出来る。

企画提案書

02

ネット

心眼眼鏡《フォト・コミケ》

写真に写っているのは、
写している自分だ。

企画提案書 02-1

心眼眼鏡(フォト・コミケ)

ネット

企画趣旨

Instagramから、若い才能が溢れ出してきた。日常の風景や関係をコンセプチャルに撮っていたり、詩のような、手紙のような、感情が伝わる写真が増えてきた。

かつては、カメラマンになるには写真学校に行ったり、有名なカメラマンの助手になったりして技術と作法を学んだ。ライティングもポージングも、経験者から現場で学ぶしかなかったし、その経験を経ないものは、カメラマンとして他人に作品を見てもらうことが出来なかった。

しかし、ソーシャルメディアが発達し、まず「見られる環境」がそこにあった。これから、続々とInstagramから新世代のカメラマンが登場するだろう。先生は、すべての見る人たちである。

写真は、ただそこにあるものを撮るのではない。見られることを意識して撮るのだ。写真に写っているのは、写している自分だから。

若い世代のクリエイターは、既存のプロが作った業界の外で表現をはじめている。コミケはそうした運動の端緒であろう。文学フリマも大きな動きになってきた。音楽やゲーム開発のコミケ的な動きもある。

企画内容

1. 表現としての写真を開始した人たちに声をかけ「フォト・コミケ」を提案する。

2. ブース単位で写真を公開し、フォトブックを販売する。

企画提案書 02-2

心眼眼鏡(フォト・コミケ)

ネット

3. 私が長年やっている、写真と言葉を合わせた、「深呼吸する写真」も、募集する。

よくもまあ、会ったこともない人のことを、
最悪とか最高とか言えるな。
深呼吸する言葉—metakit

カメラは鉛筆だ。無自覚のマーキングから一歩踏み出した人たちの、表現としての写真を集めたい。

企画提案書 02 - 3

心眼眼鏡(フォト・コミケ)

ネット

企画背景

(1)人は何故写真を撮るのか。

一言でいえばマーキングである。マーキングとは、動物が木や岩などに糞尿をかけたり体の一部をこすりつけるなどして臭いをつけ、縄張りを示す行為のこと。 犬があちこちにおしっこをかけることである。

動物の場合だと空間的にマーキングをするが、人間の場合は時間の流れの中に「確かにここにいたぞ」という証明と承認を得たいがために写真を撮る。写真は空間を写すが、同時に、思い出という名の時間を記録する。

時間を自覚的に意識したのは人間だけであろう。だから、写真を撮るということは極めて人間的な行為である。写真が発明される以前にも、絵画やピラミッドみたいな造形物が時間の記録装置であり、本質的には「言葉」を発見・発明することによって人類は、時間の旅をはじめたのである。

人は自分が生きたことを時間の流れの中に書き記す。それを別な個人や次の世代の個人に伝えるために。無意識にスマホで食事の写真を撮ることは、個人が人類の歴史を記録しようとする行為なのである。

(2)都市がいもなく

都市とは「見る場所」であり「見られる場所」である。私たちは「見る」ために都市に集まった。新しいもの、不思議なもの、奇妙なもの、普通なもの。都市は好奇心を持つ人であふれかえった。ただし、都市の多様さは、集まった人たち自身の多様さにすぎなかったのだが。

企画提案書 02-4

心眼眼鏡(フォト・コミケ)

ネット

見るために集まった人を他の人が見て、それをまた他の人が見て、という連鎖が都市の視線バブルの正体であった。そのネズミ講的連鎖はやがて破綻する。

破綻した時、世界中でテロが起きた。都市の破綻は一層のシステム化を促進する。自動車のスピード違反を監視するために作られたシステムが一気に暴走するテロリスト個人を監視するためのものとなった。

都市は「見る」ことを主体においた機能から、一気に国家システムによって「見られる」空間になった。そのことに気づいた若者たちは、部屋に引きこもった。見ることより、見られることが過剰になった世界をファシズム社会と呼ぶ。

私たちは常に見られている。
私たちは常に、次に何をするのかを見られている。
その上で、何をすれば良いのだろうか。
そうさ、見返すしかないではないか。
国家を個人の側から見返すしかないではないか。

見ることによってでしか、見続けることによってでしか、未来はない。明るい未来とは言わないが、未来がないというのは、本当に困る。

私は一台のデジカメを手に入れた。国家が監視しているカメラが映したものを作品として見たらどうなるのか、というようなことを考えていた。半年ぐらい、積極的に街に出て、見返すことをしてみた。「闇の中に現れてくるものは、現れて来る闇だ」というような言葉は、モーリス・ブランショだったか。デジカメで見ることによって現れてくるものは何であったのか、今は説明しない。

企画提案書 02-5

ネット

心眼眼鏡(フォト・コミケ)

第三次世界大戦は大いなる視線大戦になるのだろう。

万国のニートたちよ、視線を武装せよ。

(3)時との戯れ

私たちは、都市の中で生まれた。見る・見られるが混沌と一体化した胎内で生まれた。

あれは1970年代の後半、東京の乾いて汚れた空の下に、カリブの風が吹いた。ジャマイカのラスタリアンであるボブ・マーリーは、こんな言葉の風を送り込んできた。「見えないものは悪魔、見えるものが人間。そして最大の悪魔は、見えているのに見えないふりをするもの」と。見えているのか、見えていることに自覚的か、そして見えているものの行動とは何か。その風の言葉は、まるで新聞の特ダネのように、私の心に配達された。

見えていることからスタートしたはずである。見ようとしたわけでも、見なければならないわけでもない。そのような行為は逆に、見えているものを隠蔽する。最初から見えていたものだけが真実だ。

1970年代後半、私は「カメラは鉛筆だ」というコンセプトを作った。カメラは特別な日の記念写真ではなく、特別な芸術家の創作道具ではない。カメラは鉛筆だ、まぎれもなく。それは、日々の思いと在りようを私に伝えてくれる新聞記者が愛用していた鉛筆である。私にとってあなたとは新聞記者以外の何者でもない。

あれから何十年もたっているのに、まだ見えないふりをして、カメラを20世紀レベルの芸術の道具にしようとしている人がいるのには笑う。一番大切なものは、非日常的な断言ではない。日々のたわいのない愛すべき、そして残酷な時の移ろいだ。

時を追いかけるのでも、時に追いかけられるのでもない。時と戯《たわむ》れることが、21世紀の基本テーマである。今日もInstagramは、時と戯れている人たちであふれている。

(4)心眼眼鏡

80年代に、ファッションの変遷史をまとめたことがある。防寒から始まって、部族の発達とともに権力者の権威誇示、階級証明としての衣服の時代が長くあった。そして近代の曙とともに自己主張という個のエゴイズムの発露の時代が始まる。

行き着いた世界が、肉体をおおうものから脱衣装の流れである。80年代バブルの時代のボディコンシャスというのが衣服史にとって新段階への分水嶺だと思う。肉体をおおうものから肉体を誇示するためのものに変容したのである。都市の村祭りであるディスコから始まったその流れは、ネオテニー(幼形成熟)のように原始の場所に誘導し、その先のクラブで始まったのがタトゥーである。最も現代的なファッションが原始的なタトゥーでありボディ・ピアッシングであるということは、すでに説明の余地はないだろう。それは衣服を脱ぐことでしか示せない衣服であり、肉体と同質化した衣服である。

この先に起こりうることは見えている。筋肉にエンジンが組み込まれ、鼻奥にセンサーが設置され、そして、コンタクトレンズはデジカメになるだろう。見えているものをただ見るためだけのカメラ。あなたが見えたのものが、同時に私にもテレパシーのように見えてしまうカメラ。「心眼眼鏡」とは、私が名付けた、その時のコンタクトレンズの商品名である。私たちはネオテニーの新しい螺旋階段に向かっている。

企画提案書
03

ネット

Facebook ダカーポ

情報は循環して
循環して循環して
はじめて共有される。

企画提案書 03-1

Facebookダカーポ

ネット

企画趣旨

個人や企業・既存メディアが同時多発でそれぞれの情報をアップし、それを集積したものがインターネットである。私たちは、日々、多くの情報シャワーを浴びている。無意識のうちに取捨選択をしている。それを意識的に行うのが、Facebookダカーポである。

「Twitter」「Facebook」「はてな」「note」など、さまざまな情報網から自分の気にいった情報を、Facebookのグループ機能を使って、まとめていく。

膨大な情報を、ただ読み流すのではなく、個人レベルや仲間レベルの「まとめ」を作っておくと便利だ。

企画内容

私はFacebookのグループ機能を使って、以下のようなグループを運用している。このグループに、自分の関心のあった情報のURLをリンクして蓄積し、自分だけのスクラップ・ブックを作るのである。基本的に公開しているので、関心あるテーマごとに見ることが出来るし、情報提供することも出来る。パーソナル・まとめサイトであり、何かの原稿を書く時に重宝する。関心ある人は、Facebookで検索をして、参加申請してほしい。

◇デメ研・地域連携プロジェクト
◇CB新世代商品・サービス研究会
◇戦後家族研究会
◇女の一生研究会

企画提案書 03-2

Facebookダカーポ

ネット

◇センテナリアン研究会
◇CB教育関連プロジェクト
◇CB注目したい人
◇CB医療の未来
◇CB未来建築・都市論研究会
◇CB欅坂
◇CB交通の未来
◇CBエピタフ 墓碑銘
◇CB生活の知恵さん
◇ソーシャルスポーツ協会
◇CB異文化コミュニケーション研究所
◇CB現代「家族」研究会
◇CBトリビア雑学倉庫
◇CB歴史館

企画提案書

04

ネット

炎上しない掲示板

Cool down Bulletin board

弱い奴というのは
自分の弱さを語る奴ではない。
弱いことを克服しようと
しない奴だ。

企画提案書 04-1

炎上しない掲示板(Cool down Bulletin board)

ネット

企画趣旨

企業やコミュニティサイトで、多くのユーザーの生の声を集めたい、という要望は強い。しかし、オープンに門戸を開いてしまうと、怖いのは「炎上」だろう。売り言葉に買い言葉のネットの修羅場は日々出現し、一般の感覚の人からすれば、そんな場所に近づきたくないし、発言も自粛せざるを得ない。

しかし、参加型社会に向けて大きく前進していく世界構造の中で「炎上」問題を放置するわけにはいかない。今は、古い社会構造から新しい社会構造への移行期であり、古い社会構造の観念を持ち込み、思想の縄張り争いをしている段階で、やがて新しい環境で育った次の世代に期待するしかないが、当面の問題として「炎上しない掲示板」の仕組みは必要だと思う。

炎上の原因は、意図的に炎上を目的とした個人や勢力が存在することはあるが、一般の人の場合は「きちんと考えないで発言してしまう」「相手の書き込みに瞬間的に反応してしまい、直対応の喧嘩を売ってしまう」「売り言葉に買い言葉の喧嘩がはじまる」「更に野次馬が集まり火を注いだり拡散させたりする」などの現状がある。SNSというリアルタイム・コミュニケーションの良いところでもあり弊害でもある。

きちんとした議論や情報提供を行うためには、思いつきをただ発表するのではなく、第三者の視点で原稿を見直しアドバイスするという編集という行為が効果的である。しかし、ネットのような一般人のメディアにおいては、そういう客観性はむしろ本来の持ち味を失うし、編集のコストもかけられない。

第三者の編集者が使えないのであれば、自分が編集者になるしか

企画提案書 04-2

炎上しない掲示板(Cool down Bulletin board)

ネット

ない。編集とは、著者に対して読者の視点で客観的なアドバイスをする仕事である。冷めた視点での見直しがないまま、ネットでは思ったことをそのまま発信出来るので、冷静な議論ではなく、反射神経的に言葉を操れる人が優位となっている。そうした現状認識を踏まえて、新しい掲示板ソリューションを開発した。

企画内容

1. 通常の掲示板システム(Movable TypeやWordPressなど)に準じた書き込み、読み込みが出来る。
2. 書き込みをした場合、すぐに表示・公開されない。設定した期間(例えば24時間後)に、書き込み者に対して「あなたの書き込みを、本当に公開してもかまいませんか」というアラームを送信する。OKならそのまま公開する。書いた時と考えが変わっていれば、公開をしないか、書き直しをする。書き直した場合も、そのまま公開されることはなく、再び、時間を置いて公開の確認を要求する。
3. 自分で書いたテキストを、時間をあけて読み直すことにより、クールダウンをはかろうとするものである。すぐに知らせたい情報の場合は適任ではないが、じっくり読んでもらいたいものや、適正な議論を行う場合には効果的だと思う。
4. もちろん、確信犯的に炎上を狙ってくるようなアラシには対抗出来ない。その場合は、これまで通り人為的操作でコントロールする必要がある。しかし、愉快犯的なアラシには効果的だろう。システムを不便にすることにより、本来の機能を活かせるという場合もあるわけだ。

企画提案書 04-3

ネット

炎上しない掲示板(Cool down Bulletin board)

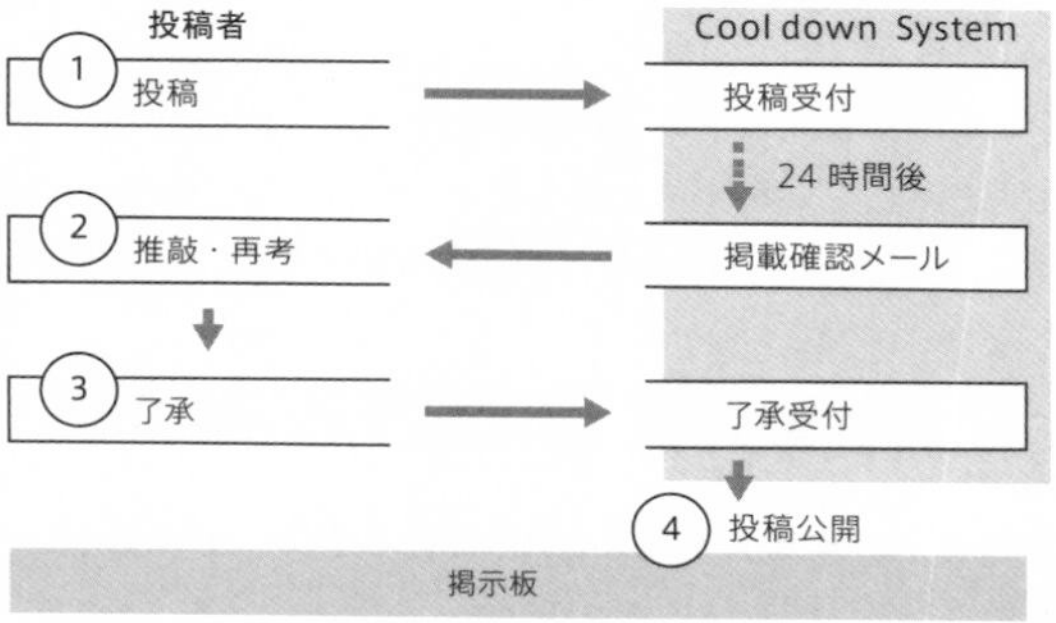

私は、1970年代に全面投稿雑誌「ポンプ」という紙メディアを編集していた。構造的には、インターネットと同じで、テキスト、写真、イラストなど、全国の普通の個人が投稿してきて、整理した上で雑誌の形で書店で販売するという構造である。

毎月、何百人もの投稿が掲載されるのだが、炎上みたいなことはほとんどなかった。なぜかというと、郵便と印刷に時間がかかるので、投稿して掲載されるまで3ヶ月以上かかってしまうから、即反応的な炎上は起こらない。

現在の掲示板システムや投稿システムは、エンジニアが利便性だけを追求して、リアルタイムの投稿・掲示を可能にした。しかし、人間のコミュニケーションは、利便性とは違う、アナログな編集という要素も必要なのである。

本システムは、「自分の書いた原稿」に対して「24時間後の自分が第三者として原稿を読んで編集する」というものである。

企画提案書

05

ネット

ソーシャル通販

良い商品は
良い誘惑をする。

企画提案書 05-1

ソーシャル通販

ネット

企画趣旨

情報化社会は、個人や小さな組織《バンド》のファンクショナル・コミュニティ（永続的ではなく必要に応じてつながるネットワーク）である。

日本の戦後はさまざまな大ヒット商品を大企業が中心となって製造し販売してきた。その構造が変わる。

小さな事業部単位のグループで商品を開発し、インターネット通販を活用し、開発レベルから顧客を巻き込んだマーケティングが重要になるだろう。商品開発・販売が、新しいコミュニティを生み出す可能性がある。

コロナ渦で、ますます盛んになった通販市場が、アフターコロナの状況において飛躍的に拡大するだろう。

企画内容

1. 一つの商品・サービスを開発する。クラウドファンディングで開発資金を調達するのがベスト。

2. その商品を公開し、購入者の組織化をはかる。単発購入ではなく、リピート可能な商品がベスト。

3. 定期的に商品・サービスなどを提供し、いわば「オフ会」的な、メニューを用意する。例えば「旅行」「パーティ」「勉強会」「Zoom飲み会」など。

4. 購入会員の中から、アイデアを募集したり、マーケティング・モニターなども募集し、新規の商品開発プロジェクトを行う。

※一つ間違えると、カリスマが現れて、マルチ商法的にもなるが、イ

企画提案書 05-2

ソーシャル通販

ネット

ンターネット時代に、すべての情報が可視化されていくと、カリスマは逆に成立しなくなる。同一センスや同一趣味の、プロダクツ・コミュニティになる。

企画背景

(1)コロナ渦の体験

コロナ渦において最大の被害を被ったのは、飲食店などの店舗経営者だろう。飲食店に食材供給していたこだわりの生産者たちも、取引が中断されて生産品の行き場を失ってしまった。

窮余の一策で、デリバリーや店頭販売や、通販をはじめた飲食店も少なくない。しかし、夜の飲食店は、食材にコストのかかる料理よりもお酒などのアルコールの利益率が高いだろうから、経営は大変だろうと思う。日本の飲食店は、それぞれの店が長い年月をかけて工夫に工夫を重ねて得た独自の味が文化であり、外国人が日本に来る大きな目的の一つが「食」であることには間違いない。この貴重な大衆文化は、一度消えてしまったら、復活には途方もない時間がかかるだろう。なんとか、これまで通りに復活してもらいたいものだ。

コロナ渦で、大きな動きになったのが、全国各地の産地や飲食店が提供するオンライン通販である。在庫を抱えてしまったところは、かなり安い値段で販売したので、あっという間に売り切れてしまったところも少なくない。滅多に食べられない食材があふれていて、選ぶのに苦労する。通販は送料の負担がかかるが、電車に乗って食べに行くコストを考えたら、納得出来る。

コロナ渦が過ぎても、オンライン販売によって利益が出たところは引き続き通販に力を入れるだろう。インターネットの普及によって、最大の市場を作ったのはAmazonや楽天市場などの、オンライン・コマース業態である。この速度は、更に加速するだろう。予約の取れない有名店も通販や配達や店頭販売をして必死に生き延びようとしているが、その流れは、今後も続くような気がする。

通販業界と物流業界がアフターコロナの世界ではますます大きな市場を形成するのは間違いないだろう。

(2)通販ビジネス

福岡に岡崎太郎という通販コンサルタントがいる。彼とは2000年のはじめにネットで出会い、仲良くなった。通販のことを知り尽くしている男で、彼の最初の本の「売れるしくみはこうつくれ」(インデックスコミュニケーションズ)は、デジタルメディア研究所の亀田武嗣との共著だが、通販の基本を学ぶには最適な本である。

単品通販は九州中心に発展した。岡崎に言わせると「北海道にあるのは産直なんですよね。北海道は蟹だ鮭だ帆立にとうもろこしだと、そもそもの食材が素晴らしいですよね。それにくらべると福岡なんか何もないんです。博多の名物に『辛子明太子』がありますが、明太子も辛子も九州にはありません。そこにあるのはアイデア。単品通販の肝のひとつは、このオリジナリティのある商品アイデアなんです。その商品の最大限の魅力をアピールして、情報を通して販売するのが通販なんです」。

通販には、Amazon、楽天市場のようなポータルサイト型のEコマースがあり、ユニクロやヨドバシカメラなどのメーカーや販売店、印刷物の通販からの老舗である千趣会や通販生活などもネットに参入している。ネットというメディア的空間に、現業のビジネスモデルが次々と移植されてきたわけだ。

そうした環境の中で、九州の通販は独特の文化を作ってきた。もともとは、福岡に単身赴任したサラリーマンが福岡の明太子が忘れられなくて、「ふくや」に連絡してきたところから明太子通販がスタートし、そのノウハウが地域に広がって、食品や健康食や化粧品などの通販メーカーが続々と登場し、独自の商品開発と、きめ細かいユーザーサポートで顧客の組織化をはかってきた。

私は、福岡の通販会社「やずや」の矢頭徹社長と10年ほど前からお付き合いさせていただいている。やずやは、「にんにく卵黄」「発芽十六雑穀」などのヒット商品を生み出して、20万人以上の定期購入の会員ネットワークを築いている。

矢頭社長とは毎月、通販の未来の可能性について議論をしている。現在のやずやは超優良企業なのだが、未来事業について、さまざまな模索を続けている。福岡通販のモデルは、テレビや新聞で宣伝を行い、反応のあった顧客を囲い込む戦略である。同じ九州の長崎にある「ジャパネットたかた」はテレビ通販で有名だが、テレビの広告で販売するよりも、テレビの広告で反応のあった人を上手に組織化して、直販の顧客に育て上げる手法で躍進した。テレビや新聞などの旧型メディアを最大限に活用して、顧客組織化に成功したのである。

通販会社は旧来メディアや広告代理店が自慢する、視聴率や発行部数には興味を持たない。通販会社にとって、広告の反応率だけが意味があるので、いくらメディア発行側がメディアの広告価値を訴えても、反応が悪ければメディアは切られてしまう。更に反応のあった客のリピーター率も重要視する。これまでの広告業界や宣伝業界の、どんぶり勘定の広告戦略と違い、数値管理がなされていて、それはインターネット広告の世界では当たり前になった方法である。

企画提案書 05-5

ソーシャル通販

ネット

テレビ通販で躍進した矢頭社長は、インターネットの時代を迎えるにあたって、これまでの手法だけでは通用しなくなるのではないか、という不安を抱えている。例えば、2019年、福岡に「やず本や」という書斎付きの書店を開業した。本を売るだけではなく、本を読む環境を、会員制で提供しようという試みである。これまで健康食品を売ってきたが、これからは「心の健康」もテーマにしていきたいという方針である。また、「ココカラ大学」という、オンライン動画のカルチャー教室の独自コンテンツを蓄積し、noteを使った「ココカラPARK」も開始した。

テレビ通販の顧客は、インターネットとの接触機会の少ない高齢者が中心であった。しかし、これからの顧客はインターネットのヘビーユーザーになる。テレビや新聞のようなオールドメディアが衰退するように、それに頼った通販業界も衰退する、そうした危機感を矢頭社長は持っているのである。

(3)通販の2つの道

インターネット時代の通販には、2つの方向性がある。機能と効率を徹底的に追求する方法である。Amazonのジェフ・ベゾスは、書籍のオンラインストアからはじめて、現在では世界最大のオンライン小売企業になった。ベゾスの方法論はただ一つで、「顧客のメリット」を追求することである。それは価格であり、購入の利便性である。量的なスケールメリットを追求して、他者の追随を許さない方法で、Amazonは情報の世界を大きく支配した。

しかし、これは日本の方法とは馴染まないであろう。日本は中小企業が多くて効率が悪いから、世界経済戦争に勝てないという説があるが、欧米型の戦場で戦うことを前提に考えている発想である。

企画提案書 05-6

ソーシャル通販

ネット

日本には日本独自の、小さなコミュニティの中で創意工夫を凝らすことで、切磋琢磨する文化がある。インターネットという情報化社会の中では、日本型の方法も新しい可能性があると思う。

それは、通販という商品を販売する仕組みから、商品を媒介とした共同体（コミュニティ）形成の場とする考え方である。情報化社会においては、一つの共同体に帰属するのではなく、複数の共同体に、個人の意志で所属することが求められる。その時の共同体の中心にあるのが、新しい時代の「商品」であり「サービス」である。

(4)社会貢献コミュニティ

沖縄に「ちゅらこす」という化粧品通販会社がある。与那覇翔社長はまだ30代だが、沖縄の素材にこだわった地域ブランド商品を開発して、成長している。東南アジアのビジネス展開にあたり相談があったので、アジアの山岳地帯を中心に学校建設を行っている、アジア教育友好教会（AEFA）を紹介し、タイのメンパン地域の小学校建設に協力してもらった。

将来的には、通販の顧客に呼びかけ、みんなの力で社会貢献的な活動を実施出来ないかと考えている。これからの通販事業は、商品販売と顧客組織化を目的にしたものから、それらを手段として、新しい人間関係や、情報化社会の中での居場所作りになっていくと思う。

企画提案書

06

出版

レコメンド・ブックコンテスト

物事に意味をつけられるのは
それに対して意欲が
どれだけあるかである。

企画提案書 06 - 1

レコメンド・ブックコンテスト

出版

企画趣旨

本屋大賞というのがある。本屋さんの店員が人気投票で選ぶ「売りたい本」「読んで欲しい本」をレコメンド(推奨)するコンテストである。

現代は、あらゆる商品が多品種になってきて、商品を選択する楽しさも増えたが、情報の海で溺死してしまう場合もある。特に本は、多品種少量生産の最たるもので、また製造会社である出版社も、どの業界より社数が多い。

本の新刊発行数は、年間7万冊以上ある。毎日130冊以上の新刊が発行されている計算になる。この中から、欲しい本を選べといっても、なかなか大変である。多くの人は、メディアの書評や、知り合いからの口コミで本を選ぶ。

これだけの商品種類を販売する人も大変だろう。毎日130冊の新刊を読める人などいない。ただ、一般の人よりは、書店の人の方が圧倒的に新刊に触れる機会が多く、購読者の関心の動きも見ている。そうした「本選び」の専門家である書店店員さんの視点は、大事な判断材料になる。実際、あまり話題になっていなかった本も、本屋大賞に選ばれて、ベストセラーになることもある。

この方式を援用して、より専門領域の人たちの視点による、レコメンド・ブックコンテストに意味があるのではないか。

企画提案書 06-2

レコメンド・ブックコンテスト

出版

企画内容

例えば、以下のような企画が考えられる。

1. 学校の先生による「小学生に読んで欲しい本大賞」
   ※子どもたちの現実と関心事を知っているのは先生たち。

2. 社長が選んだ「ビジネスに役立つ本大賞」
   ※評論家の意見ではなく、現場を運営するトップの意見が参考になる。

3. 政治家が選んだ「未来社会を考える本大賞」
   ※政治家のビジョンが試される。どういう本を推薦したかで、選挙の時に投票する参考にもなる。

4. 官僚が選んだ「受験に役立つ本大賞」
   ※日本で一番高学歴の組織である。

5. キャビンアテンダントが選んだ「観光ガイド本大賞」
   ※世界を巡るキャビンアテンダントが選んだガイドブック大賞。

企画提案書

07

出版

電子書籍バンド

組織は4人いれば世界を
変えられるということを
僕はビートルズから学んだ。

企画提案書 07-1

電子書籍バンド

出版

企画趣旨

電子書籍をインターネットという新しい文化インフラの上で登場させるためには、旧来のスキルやノウハウを継承した上で、インターネット的な視点を持ってシステムを構築しなければならない。インターネット的というのは、例えば「オープン化、参加型化」「コラボ、ギャザリング、集合知化」「ライブ感覚、リアルタイム化」「プロトタイプの普遍化」などの意識である。

単なる旧社会の成功モデルをコピペしただけのインターネット・ビジネスは崩壊する。電子書籍は、既存書籍の電子化ではなく、電子の環境の上で、新しいコンテンツを作るためのスキームを作るところからはじめたい。

企画内容

既存の出版構造の作業を見てみよう。必要な人材は以下のようになる。

1. 著者
2. 編集者
3. デザイナー
4. 印刷屋
5. 取次・書店

これを「電子書籍」発行のプロジェクトにおける作業分担に対応すると、以下。

企画提案書 07-2

電子書籍バンド

出版

1. 著者

著者は文筆専業である必要はない。大事なことは「自発的に執筆する」ということである。依頼されて書くのではなく、自発的に書いている人を著者とする。インターネット以前と違って、書く場所は無限に保証されているので、内発的な表現衝動を持つ人は、他者からの要請がなくても表現している。「自発的な表現」というのは、インターネット文化において、なによりも大切なことだと思う。

2. 編集者（電子書籍編集者）

著者のスキルだけで自己編集出来る人は、それでよいと思う。各自で、電子書籍でもオンデマンド出版でも、そういうソリューションを活用すればよい。電子書籍編集者が職業として成立するためには、まず「目利き」能力。膨大なインターネット上の自発的な表現の群れの中から、普遍性・商品性の可能性を持つ才能を見つけ出す能力。既存の出版業界のように実績主義ではなく、ゼロからの才能を見つけ出す能力。

出版社という鎧やブランドは不要。個人編集者が、日常的なインターネットを楽しみつつ、才能との出会いを意識的に行う人が電子書籍編集者としての第一歩。

電子書籍編集者は、見出した才能と交渉し、電子書籍への参加をうながす。すでに公開している表現に対して、アドバイスを行い、構成と校正を行い、タイトルを協議し、出版企画をまとめる。

既存の編集者の実務的スキルは前提として、デジタル関連のスキル、基本的な知識が必要とされる。

電子書籍バンド

3. デザイナー(電子書籍装丁家)

電子書籍装丁家は、動的電子書籍におけるデザイナーの役割である。

電子書籍においては、旧来の用紙の印刷による規制がない。紙の本のアナロジーとしての電子書籍の形式もあるだろうが、そうでない表現もありうる。そうした構造を理解したデザイナーが必要になる。

「頁」という構造は、グーテンベルグが発明した革命的な表現形態である。用紙という物理的な制約を、頁という最小限の表現宇宙を連続させることよって、無限の世界として表現出来る。頁で構成された表現の宇宙をシリーズ化することによって、更に大きな表現宇宙を表現出来る。それは、物理的な用紙、活字数という限界の中で最大限効率的に表現出来る方法である。私たちは、この形式に慣れ親しんできた。

電子書籍には、用紙という制約が最初からない。紙の本に慣れ親しんできた人のために、紙の本のアナロジーで電子書籍に移植することもあるだろうし、組版ルールなども紙の本に準拠するプロトコルもありだと思う。しかし、そうでない表現仕様もありうる。

電子書籍が登場した頃、私たちの仲間では、電子書籍の形態は、頁構成ではなくて、「巻物」になるな、という意見が強かった。用紙の物理的な制約がないのだから、無限に文字を組んでいって、スクロールしながら読める巻物の形式がよいのではないかと。私は、無限大の模造紙をイメージして、読者が自由にどちらの方向に進んでも読める電子書籍をイメージした。

現実的に、多くの人はパソコンで電子書籍を読むのではなく、タブレットやスマホで読むようになっている。特にスマホの場合は、

電子書籍バンド

頁めくりの方式より、無限スクロールの形式の方が読みやすい。「縦長動画」が語られているが、スマホに対応した「縦長・横書き電子書籍」もあるかなと思う。

電子書籍装丁家は、既存のデザイナーの実務的スキルは前提として、デジタル関連のスキル、基本的な知識が必要とされる。与えられた制約の中での装丁デザインではなく、本の構造そのものに対するデザインワークも追求出来る人材が望ましい。

小さな時から携帯マンガだけを読んでいた少年で、紙の本のマンガを読まない子がいた。なぜかというと、リアルな本は「真ん中がゆがんで読みにくい」とのことだ。確かに、製本された本は、折のところが読みにくい。こういう疑問は、既成の本に慣れすぎた人間には見つけられない弱点だろう。

4. 印刷屋(電子書籍エンジニア)

電子書籍における印刷屋の役割は、著者・デザイナーによる電子書籍表現のイメージを具体化する作業である。

旧来の印刷屋のように、提供されたデータを正確に大量に複製するだけではなく、表現活動そのものに参加する立場であることに自覚的なエンジニアが必要である。むしろ、電子書籍の表現形態においては、エンジニアがリーダーシップをとらないと現実化しない。

動的電子書籍においては、「著者」「編集者」「デザイナー」「エンジニア」が、それぞれ分業化して作業すると同時に、共同して一つの世界を創りあげるという「音楽バンド」のようなスタイルが要求される。

5. 取次・販売者

電子書籍の販売についても、新しい視点とビジネスモデルが必要だと思っている。まだ、具体的には説明出来ないが、現状のような電子書籍ディストリビューターに委託して流通させるのとは違う方法があると考えている。

ポイントは課金にあり、ブロックチェーンによる新しい貨幣構造が現実化しないと、手数料課金が重荷になる。

私たちは「動的電子書籍」というテーマで電子書籍の新しい制作方法について、プロジェクトを考えている。電子書籍の未来及び出版世界の未来において、真剣に展望しようとする仲間たちの合流を期待している。

企画背景

(1)コミケという業界

旧来型の出版業界の構造不況に対して、コミックマーケットは3日間のイベントで50万人以上を集め、世界から200万人を超えるイスラム教徒が集まるメッカ巡礼に次ぐ世界的な大イベントに成長している。そこで販売されている同人誌やグッズの市場規模は100億円を超えるとも言われ、一人あたりの購入金額も1万円を超え、中には10万円を超える客も少なくない。また、コミケカルチャーにつながるアニメイトは、書店不況の中、日本の全都道府県に展開している。古い本好きであれば愛用していただろう神保町の書泉グランデは、2011年にアニメイトに買収されている。出版不況と言われているが、こうしたオタクカルチャーの出版物は隆盛を極めている。

コミケが拡大するにつれて、同人誌印刷会社が勢いをつけ、顧客は個人なので通常の出版社などに対する営業活動は意味がないので、いきおい、印刷費の価格競争になり、それまでの出版界の常識では考えられない値段で本を作る印刷会社が増大した。

pixiv(ピクシブ)は、イラストや漫画を中心にしたソーシャル・ネットワーキング・サービスであるが、そこが運営しているBOOTHは、同人誌などのPDF販売だけではなく、印刷された本の倉庫管理から販売まで格安の手数料でやってくれる。

コミケなどのオタクマーケットは、運営者たちがもともとオタクであり、自分たちのコンテンツを流通させたり、創作の支援をしたいという思いが社会的システムに発展したものなので、既存の経常利益追求のビジネスマンたちの作ったシステムとは根本が違う。それは、これからあらゆる業界で起きる時代のプロトタイプでもあろう。もう、自分が使いもしない商品を大量に売って儲けたり、自分が読みもしない雑誌を作って利益を上げるということが、不可能になっていく時代に入っていくのだ。自分の仕事が、本当に自分が望んでいるものなのか、胸に手をあてて考える時である。

客観的なクオリティより大切なものは主観的なライブ感。そのライブ感を中核としてクオリティ展開するのが、これからのすべての商品のあり方なのだと思う。

(2)コンテンツの経済学

一冊の書籍を書くエネルギーは、実売1000部でも実売10万部でも同じなので、10万部売れれば、ウハウハである。

テクノロジーの発達は、ハードコストの革命的な圧縮を果たしている。私は70年代に雑誌を出すために日暮里の写植屋で修行して東中野で写植屋を開業した。そこでは、単行本一冊分の写植を打つと20万円ぐらいになった。本文15万字で1文字1.2円。タイトル周りや、修正分を加えると、こんなものだろう。1冊1000円の書籍を

企画提案書 07-7

電子書籍バンド

出版

3000部発行して、著者の印税は30万円である。書籍一冊の写植打ちは1週間で出来るが、書くのは長い時間かかる。

80年からスタートしたコンピュータテクノロジーの発展は、こうした不合理性を抹殺してきた。プリプレスという印刷の前工程を合理化するところからはじまり、まず写植屋が排除され、編集者なり著者が直接、文字入力するようになった。次に製版プロセスがDTP入稿により排除され、印刷そのもののコスト削減が大幅に果たされた。

さて、インターネットである。電子書籍になると、ハードコストは無限にゼロに近くなる。流通コストは、プラットホームの重畳課金になるから、AmazonやAppleなどの力が強くなり、これはインターネットという新大陸の税金みたいなものと考えるしかない。そうなると、インターネット上のコンテンツの価格は、ソフトコストが剥き出しになるということなのだ。ここが大事だ。

本好きの人と自称する人でも、書籍というコンテンツをハードコストで見ている人は少なくない。「この頁数でこの定価は高すぎる」ということを平気で言う人がいて、「なんでぇ、あんたは紙を買いたいのか」と思ったことがある。インターネットコンテンツにとって価格とは、ソフトコスト=中身そのものであるということを理解し、ユーザー意識を変えていかなければならない。

今、DVDの制作コストは、アジアなどでプリントすれば驚くほど安くなっている。しかし、DVDのような容量の大きなメディアに充実したコンテンツを収容するには、相当なソフトコストがかかるわけである。ハードコストが安くなれば定価そのものが下がるというのは、製造業の論理でしかない。

かつて、POPEYEという雑誌を創刊した木滑良久さんは、コラムという文化を大事にした。それまで、原稿料というのは、400文字一枚もしくは200文字(ペラ)一枚で計算されていた。つまり、たくさん稼ぐには大量の原稿を書く必要があった。しかし、1万字で表現しているものを800文字に端的にまとめた形で表現出来たとしたら、読者にとって、どちらが優れたコンテンツであるのか。800文字のコラムであろう。だとしたら、そのコラムに1万字分の原稿料を支払うべきだという考えだったという。(これは、木滑さんから直接聞いたのではなく、木滑軍団の最左翼だった坂本正治さんから聞いた。)

インターネット時代は、ハードコストと流通コストの革命的な削減に意味がある。そのことによって、著者と読者の間に入る夾雑物が排除され、直接、著者のソフトそのものに読者が触れることが出来るようになる。編集者も読者も、原稿量とか頁数とかいう量に対する幻想は捨てて、ソフトの中身の真実に価値を持つ体質改善が必要になるだろう。

(3)発信者負担と教育

2001年に「インターネットは儲からない」(日経BP社)という本を出して、インターネットの革命性について、いくつかポイントを提示した。そのうちで最も大事なポイントは「発信者負担」という概念である。

これまでのメディアは、本を出せば読者がお金を出して著者が印税をもらう。映画を作れば観客がお金を出して映画会社とスタッフが利益を分配する。コンテンツのコストは受信者負担なのである。

インターネットにおいては、これが逆転する。インターネットにおいては、無名であろうと有名であろうと原稿料は出ない。原稿料の出る有料サイトは本質的な意味でのインターネット・メディアではなく、旧来のメディア方式をインターネット回線を利用して運用しているだけである。

しかし、インターネットは無料の表現スペースではない。インターネットに表現をするためには、パソコンを購入し、プロバイダー契約をし、通信料を支払う必要がある。フリーブログであっても、それは無料ではなく、表現者が運営コストを負担しているのである。

私は以前の本で「旧来のメディアで原稿料をもらって書く作家と、発信者負担で身銭を切ってまで表現しようとする高校生と、クオリティの問題ではなく、どちらが表現に対して切実であるか自明である」というようなことを書いた。インターネットの本質はクオリティではなくライブ感覚である。

2010年、さまざまなライブ的なコンテンツがインターネットにあふれていた。そのタイミングでiPadが登場したことは、偶然ではない。iPad及び電子書籍端末の意味は、インターネットの本質を歩んだものにしか分からないだろう。

さて、インターネットの時代がこのまま進むと、もうすこしはっきりすることが出てくるはずである。時代そのものを対象にした情報発信は「発信者負担」は当然のこととなる。それでは「受信者負担」となるコンテンツはないのかというと、それはある。時代そのものを対象とするよりも、時代を築こうとしている人を対象にするコンテンツである。それは例えばインターネット時代のビジネスを考えている人を対象にするとか、編集者やプロデューサーを対象にするとか、つまり「仕掛け人」を対象とするものになる。エンターテイメントそのものではなく、エンターテイメントに向かう人のためのものでもよい。それは、古い時代には「教育」と呼ばれていたカテゴリーである。「教育」であれば受信者負担で費用を払っても良いものであれば最終的に費用を回収出来るノウハウや理念が身について、収支はプラスになるのだから。

インターネットのキラーコンテンツは「教育」である、ということは、「インターネットは儲からない」という本のもう一つのメッセージ・ポイントであった。

自己表現としての音楽作品は無料に近いものとなるであろう。しかし、その作品を作るための指導やコンサルについてはビジネスになりうる。すべて独学でマスターできる天才はともかく、指導が必要な人は、音楽作品をただ楽しむ人よりは遥かに少数であるが、確実に存在する。

(4)iPadの革命性

2010年にiPadが登場した時に、すぐに理解したのは「紙の本を電子化することが電子書籍ではない。iPadそのものが電子書籍なのである」ということである。iPadでYouTubeの動画を見ていると、なぜか「本を読む感覚」で動画を見ているのである。それは、本を読む姿勢や態度によるのかも知れないが、アメリカから取り寄せた最初のiPadを使っていて、私は「電子書籍」の概念が根本的に変わったという記憶がある。

ジョブスはiPadが出来た時に、ミュージシャンのように最高の作品が出来たと感じたと思う。ビートルズのホワイトアルバムのように、自分が発見したことを具体的な形にして、後世の人たちに自分の想いをつなげていけると思ったに違いない。

その後、技術の進歩で、スマホがiPad化してきたが、今の状況は、パソコンは印刷機(コンテンツを作ったり配信したりする人たちが使う道具)で、スマホやタブレットが私たちの雑誌や書籍になったと言えるのではないか。

電子書籍バンド

(5)明日の電子書籍

出版の世界には二つの世界がある。一つは「雑誌」であり、もう一つは「書籍」である。雑誌は、今起きている最新の動きを紹介し、編集部が良しとする時代の流れを促進していくものである。常に新しいもの、新しいテーマ、新しい人材を追い求める。それに対して書籍は、最新というよりも本質を追い求める。時代の現象の奥深くにある本質をじっくりと観察し検証し、次の世代にも通用する記憶として残す。雑誌はリアルタイムであり、書籍は編集されたアーカイブである。

私たちは、古くなった雑誌は割と気楽にゴミ箱に捨てることが出来るが、書籍をゴミ箱に捨てることには抵抗がある。雑誌は時間が経てば本来の役割はなくなるが、書籍は時間が経っても価値が変わらないものであることを、体感的に知っているからだ。捨てられない書籍がブックオフへと流れていくのは、本は捨てて燃やされるものではなく、必要とする誰かに読んでもらいたいという意識が働くからだろう。

欧米ではもともとは雑誌専門の出版社と書籍専門の出版社の分類があった。メディアコングロマリットの流れで合併したところが多いが、もともと雑誌は新聞ジャーナリズムに近いクオリティペーパーとして発達し、書籍は、辞書、自伝、児童書などの文化産業としての側面が強かった。

日本は、大手出版社の中に「雑誌部」と「書籍部」が最初から並立していた。往々にして「雑誌部」と「書籍部」は仲が悪かった。それは個人的な好き嫌いというよりも、雑誌と書籍では方法論も価値観も違うものなのだから仕方がない。雑誌部は、書籍部の時間のかかる作業に苛立ち、書籍部は雑誌部の完全に検証しきれていない原稿や、スピードを要求されて見切り発車する姿を苦々しく思っていた。しかし、雑誌で連載している人気原稿を書籍化してベストセラーにするという役割分担は誰もが理解していた。

1980年に日本にも本格的なコンピュータの時代が訪れる予感がした。表面的には古い方法論に縛られながらも、これまでの出版の価値観が根本的に崩れるだろうことは、多くの業界人が感じていたところだろう。コンピュータ以前は、個人の知識や経験は個人の内部に蓄積するしかなかった。それが教養というものであり、さまざまな情報を蓄積することによって、さまざまな困難な課題に直面した時に、自らの内部の知識で対応出来る。そうして森羅万象さまざまな情報を内部に蓄積した人が知識人(インテリ)と呼ばれ、その活動成果を社会全体の経験として記録するために書籍を刊行した。

コンピュータによって、個人の内部への蓄積が外化出来る道を人類は獲得した。データベースという考え方である。更に通信の発達により、個別のデータベースが連結され、シェアされていくことになる。二人の数学者が作ったGoogleの登場である。

70年代ぐらいからすでに始まっていた、旧来の知識人(インテリ)たちの方法論的挫折は、80年代になって「おたく」という特殊領域のみの知識人という文化を生み出したが、多くの場合は現象の収集のみに走り、本質的な追求がなく、故に普遍的にはなりえなかった。僕は「さかなクン」というタレントを最大限評価するものだが、彼は明治時代であれば、南方熊楠のようになれたのかも知れない。

80年代という出版業界の根幹をコンピュータ文化が大きく揺らしはじめた時に、日本の出版業界は、大きな間違いを犯したと思う。それは「量への信仰」である。雑誌は部数競争に入り、それは読者のためではなく、広告主の利益のためにであった。書籍は、本来の役

電子書籍バンド

出版

割である次世代への経験の継承という役割を忘れて、今の話題を追いかけるようになった。すなわち「書籍の雑誌化」が書籍編集者の書籍に対する自覚を失わせたのではないか。世界の中心で何を叫ぼうが、今を生きる私たちには聞こえてこない。

さて、そうした変化の中で、「電子書籍」が登場する。私は、既存の雑誌と書籍の構造が崩れたからこそ、電子書籍の可能性に大いに注目するものであった。もう一度、近代の出版業界とは何であったのかを総括しつつ、まだ誰も見えていない、電子の書籍メディアを現実化するべきなのだ。まだ、未来を感じさせる電子書籍コンテンツは少ない。その分、若い人たちには未知の市場があるのだということを感じて欲しい。

企画提案書

08

出版

コンテンツお仕立券

理解はあなたが
表現して完了する。

企画提案書 08-1

出版

コンテンツお仕立券

企画趣旨

自費出版は、自分の費用で本を出すことである。しかし、どうも、自費出版で本を出そうという人は、過度に自己顕示欲が強いようにも思える。政治家に立候補するタイプとイメージが重ね合ってしまう。

政治家も本来は、「自分が出たい」という人よりも、周りに押されて、仕方なく立候補した人が担う仕事だと思う。

「コンテンツお仕立券」は、自分の本を出すためのものではなく、「あの人に本を出してもらいたい」という人に、みんなで費用を負担してプレゼントするものだ。スーツのお仕立券みたいなものである。

企画内容

大学の教授が退官すると、退官記念講義が行われる。しかし、小学校や中学校の先生が辞めても、慰労会が行わる程度だ。例えば、公立小学校では、毎年18,000人ぐらいの退職者がいる。公立中学校では、8,000人ぐらいだ。

教育とは次の時代、社会を支える人材を育てることであり、大切な仕事だ。教育と医療は必ずしも近代のビジネス構造とは違うものであり、違うものでなければならない。先生と生徒の関係性が最重要であり、先生たちも、生徒との関係性の中で多くを学んだ人生であったはずだ。

定年退職する先生こそが自分史を作り、その学校に寄贈すべきだと思う。教育の手法から、子どもたちの生活変化、感情変化など、自分が教育饗場の中で知り得たこと、出会った子どもたちのことなどを、本にまとめるべきである。そのシリーズを「先生の卒業式」と呼ぶ。

企画提案書 08 - 2

コンテンツお仕立券

出版

それは、可能であれば、既存の学校のシステムの中に組み込んでいくべきだ。すなわち行政の予算で実施されるべきだと思う。

業務については、業務引き継ぎのノートを次の世代に渡せばよいだろう。しかし、教育の本質的な想いは、別な方法で次世代に引き継ぐべきである。

専任の「編集者」の学校への配属を期待する。

あるいは、教え子たちが少しずつカンパをして「コンテンツお仕立券」を先生にプレゼントする。担当の編集者が先生と打ち合わせをして、原稿執筆を促すということになる。本が出来たら、まずはカンパしてくれた教え子たちに本を渡す。生涯の蔵書となるだろう。

出したい人よりも、出させたい人の本を出そう。

企画背景

(1)自費出版ビジネス

人が個人として生きて死んでいく時に、出版という媒体は魅力的である。個人として死んでいけば、家族や友人にしか自分が生きたことを示せないが、自分の人生で発見したり経験したことを出版すれば後世の人たちにも伝えられるので、これは人間の社会的本能ともいうべきものである。

自分の生きた証として、収集した芸術品を保存する美術館を作り、自分の名前をつける資産家がいる。あるいは、自分の名前のついた学校法人を作り、学校という教育機関を通して後世に自分の意志を伝えたいという成功者もいるだろう。

ちなみに、学校法人は既存の株式会社とは違うので、事業成功者が学校を作って、事業として利益を出そうと思うと、学校法人は連結子会社ではなく、全額寄付で成立する公益法人なので、株主支配は出来ない。理事会がすべてを決定するので、理事会の組織化を間違えると、創業者が排斥されてしまうこともある。新しい理事長による学校の「乗っ取り事件」などは、これまで何度もあった。

いずれにしても、人は、自分の私的な人生を公的な形にして残したいものなのである。その本能の一番小さな形で、誰でも出来るのが「自費出版」による書籍化である。

(2)誰でも作家になれる環境

現代の出版文化は、明治時代の近代化による西洋印刷技術の導入からはじまった。そして、テクノロジーの発達により、印刷コストは、急速に安くなった。かつて、個人が本を出すというのは、とてつもないエネルギーが必要だった。テーマを決めて文献にあたり、原稿を書いて推敲してと、普通の人間であれば、一代事業であった。それだけ本の価値も高く、「出版をした」というだけで、庶民とは違う、特別な先生扱いをされた時代が長くあった。

文章にしても、普通の庶民が学校を卒業すれば、個人的な文章など書く人は少なかった。そういうのを書いていると「いつまでも大人にならない奴だ」と馬鹿にされていたりした。

しかし、インターネット以後のSNSの時代においては、多くの人が日常の出来事や思いを日々書き続けている。それも世界中の人たちがだ。人類史においても、はじめての出来事ではないか。

文献も、図書館や古本屋で探さなくても、Google先生がなんでも教えてくれる。正確には、Google先生が教えてくれるのではなく、教えてくれる人を紹介してくれるだけなのだが。

かくして、誰もが作家になれる環境が生まれた。その時代を先取りして「自費出版会社」が台頭した。

(3)自分史活用推進協議会

自分史活用推進協議会は、東大のクイズ研究会の創設者であり、学研に入社した「BON」の副編集長であった高橋誠さんと、リクルートのエンジニアでISIZEの時代に「自分史カフェ」「Histy」など、自分で自分史を作れるという先駆的なサービスを開発していた本間浩一さんとの出会いからはじまったと思う。私は二人にそれぞれ以前から面識があり、自分史活用推進協議会を立ち上げる時に相談に来て、名誉顧問を頼まれた。

現在の代表理事は、河野初江さんで、彼女は、かつてリクルートの社内報の編集長として活躍していた。90年代から20世紀初頭まで、リクルートは日本の最前線の社会イノベーション会社であり、ユニークな人事システムと、実に多彩で感度のよい人材の宝庫であった。私はその頃に、多くのリクルートの人たちと交流していた。

自分史活用推進協議会は、自分史の時代を見据えて、自分史活用アドバイザーの育成とサポートを行っている。出版業界の根本的な事業構造の再編集の時代において、「自費出版の編集者」を育成するという、自分史活用推進協議会の役割は大きい。

そして、通常の自費出版事業のサポートをするだけではなく、新しい自費出版のジャンルやシリーズを開発する必要があると思っている。

(4)現代論語集

私が現在、取り組んでいるシリーズ企画の一つに「現代論語集」がある。この企画は、もともと多摩大学の久恒啓一先生の発案したものに、私なりにアレンジを加えたものである。

例えば、聖書や論語は、キリストや孔子が書いたものではない。弟子たちが師の言葉を記録してまとめたものである。

現代論語集は、師匠を亡くした弟子たちが集まって作る、師の教えや言葉を集めたものである。あくまでも、故人の関係者が中心になって編集するところに意味がある。

進め方

1. 該当する人の関係者で委員会を作り、師の言葉を集める。
2. 同時に、師の書籍などの読者に呼びかけて、印象に残った言葉やフレーズを投稿してもらう。
3. 一冊分の言葉がたまったら、クラウドファンディングで資金を募集して発行する。

現在、林雄二郎の長男である林光さんと私で、「林雄二郎論語」を製作中である。

私は、付き合ってきた人とは、その人がどれだけ社会的に偉くても「友人」として付き合ってきた。それは、リスペクトしてはいるが、関係とは、同等の関係で相互に影響を与えることだと思っているからだ。ただし、その人が亡くなったら、師である。すでに、その人からは、一方的に学ぶことしかない。私が与えられるものはない。せめて、師の言葉を、私以外にも伝えたいと思うだけである。

(5) 社史

先日、約3年の年月をかけて、ある企業の社史を編纂した。社史は、日本の大手企業であれば、大半は作っている。神奈川県立川崎図書

企画提案書 08 - 6

コンテンツお仕立券

出版

館には長年、社史を収集していた「社史コーナー」がある。その数19,500冊。バーチャル社史室も設置している。

しかし、大手企業などの「社史編纂室」は、なんとなく、出世コースから外れた人や、定年後雇用の受け皿のようになってはいないか。近代・戦後を生きてきた企業が、新たな組織に変容しようとする時、自らの足跡と想いを正確に記録することは、現在の組織構成員にとっても、これから入社する人たちにとっても、大事なことである。

社史とは企業における自分史である。私たちが制作させていただいた企業は、最初の段階で「自慢話は止めよう」というスローガンで企画にとりかかった。神奈川県立川崎図書館で見た社史の多くが、単なる数字と現象の羅列であり、商品・製品カタログの域を抜けていないのは、日本近代史においても残念なことである。社史も自分史である限り、人間的な葛藤やドラマがあったはずなのである。

そうした社会に読んでもらえるだけの社史を作るには、社内の退役社員では無理である。専門の社史編集者が必要である。

企画提案書
09

金融

JASRAC
インキュベーション・
プログラム

メディアの進化は
人々から想像力を奪う。
メディアの彼方を遠望する
想像力を。

企画提案書 09-1

JASRACインキュベーション・プログラム

金融

企画概要

(1)サブスクリプションモデルの陥穽

アーティストの作品に対する権利というのは、ソーシャルメディアの時代においては、複雑な構造を呈する。

メディアが一方通行の時代においては、コンテンツは商品というビークルに乗ってファンに届けられる。資本家(企業)は、アーティストと契約して作品を提供してもらい、その作品で、レコードやCDという工業製品を作り、広告・宣伝活動をして販売し、収益を得る。

作品を提供したアーティストは、契約料や売上に応じた著作権料として対価を得て、次の作品に向かう。

しかし、ソーシャルメディアとは、個人と個人の双方向の通信システムなので、「表現したい人が表現をし」「受け取りたい人が受け取る」という、極めてシンプルな関係しかなく、そこには本来、商品という媒介物は必要がなくなる。

ソーシャルメディアは、最終的には、プラットホームのない、個人と個人がつながるだけのシステムになるだろうから、そこからは、旧来のビジネス構造は徹底的に排除される。

そうした中で、アーティストはどうやって生活するのか。それは、音楽家や役者や彫刻家や画家や陶芸家などすべてのアート職業に通じる問題である。

インターネット上での大道芸人として「投げ銭」をもらうのか、あるいは「アート・ベーシックインカム」と言うような、アートは人間としての社会的営為だから、国民全体で支えるような体制になるのか。まだ、これから、さまざまな可能性が試されるだろう。

多くの有名ミュージジャンが、Spotifyなどのサブスクリプションモデルに参加しつつある。確かに現状においては、そのことによって莫大な安定的収入が見込まれるだろう。ドコモが運営している「Dマガジン」には、450誌以上の有力雑誌が参加していて、読者は定額ですべての雑誌を読める。出版社の方も、市販の雑誌のコンテンツ・データを提供するだけなので、新たなコストをかけずに、新しい収入が入るので、喜んで参加している。

しかし、そこに何か陥穽があるのではないか。ミュージシャンは自分たちのファンが、自分たちの生活を支える最大の財産である。雑誌は、それぞれのテーマでのファン・コミュニティに近いもので、定期読者が最大の財産である。

サブスクリプションモデルは、いわば、旧来の個別の「村」(ファン組織共同体)であったものが、「都市」(利便性を追求した機能の共同体)に流れこんでくるようなものである。都市では、欲しい物が自由に手に入るが、そこでは発信者と受信者の関係性は生まれにくい。

サブスクリプションモデルは、現状では旧来メディアと新しいメディアの端境期のビジネスとして成立するだろうが、やがて発信者たちは、自らのファンという大事なものを失っていくことに気がつくのではないか。

(2)ネット文化とテレビ文化

米津玄師(ハチ)の「ゴーゴー幽霊船」をニコニコ動画やYouTubeで聞いていたのは、2012年ぐらいであった。それが、旧来のコンテンツビジネスに認められ、旧来型の音楽マーケットで大ブレイクした。最初は、引きこもりの四国の若者が、ただただ人とつながりたくて、表現をして、ネット環境で話題になった。それが、旧来メディアに認められた。旧来メディアにはオーディション番組というものがあり、

企画提案書 09-3

JASRACインキュベーション・プログラム

金融

「スター誕生!」からは山口百恵が生まれ、「三宅裕司のいかすバンド天国」(通称・イカ天)からは、JITTERIN'JINNや、BEGINや、たまが登場した。ニコニコ動画からは、の子の「神聖かまってちゃん」が登場した。最近では、YouTubeからスタートした「ずっと真夜中でいいのに。(ずとまよ)」のACAね(あかね)の言葉を抱きしめて歌うボーカルは素晴らしい。ボーカロイドクリエイターとアニメクリエイターたちのユニットである。

(3)ブロックチェーンとコンテンツ

ブロックチェーン(Blockchain。分散型台帳技術)は、インターネットの原理を生かした、新しい関係性のツールである。中央集権的な、これまでのクライアント・サーバーによるデータ管理ではなく、個人と個人との関係を分散型台帳で管理し、書き込まれた情報は、すべて履歴として残る。ブロックチェーン技術を使ったビットコインは、これまでの金融ビジネスのように、金融機関がブラックボックス化するということがない。参加者全員が、情報の移動を監視出来るからである。

この技術や思想を活かした、コンテンツ・マネージメントの仕組みが各地で追求されている。

例えば、絵画の場合は、画家の描いた作品を画商が買取り、それを土地取引のように1号(絵の大きさ)いくらで価格をつけ、購入価格より高い値段で転売することによって、絵画市場が生まれる。しかし、描いた画家には、最初に売った金額しか入らず、その価値が世界で暴騰して何億円になっても、本人には関係がない。

それをブロックチェーン技術で、自分の描いた作品を登録して、画商に売った時の価格から、画商が別の画商に転売した時の価格も把握が出来るようになる。そうすれば、転売された時の著作権料なりが画家のところに入る仕組みを作れば、画家以外が大儲けするビジネスモデルを崩せる、という考え方だろう。

企画内容

JASRACインキュベーション・プログラム案

音楽の場合は、日本には、JASRAC(一般社団法人日本音楽著作権協会)という、強固な著作権管理組織があり、一部ではカスラックと呼ばれ、音楽家の作品で甘い汁を吸う、悪徳組織のように思われている。

JASRACは、もともと音楽家の権利を守るためにスタートした組織であり、自らの業務に忠実であるということも言える。ただ、問題は、音楽市場の構造が旧来型のレコード制作をして販売するモデルから、インターネットやサブスクリプションという新しいマーケット構造に移行していることに対して、自覚的ではないことではないか。

インターネット以前の、音楽業界の仕組みの中で成立していた著作権料の徴収モデルで、とにかく音楽を使っているお店や媒体やサービス会社を探偵会社のように調査して、データを確保した上で、請求書を送りつけてくる。

国税局による税務調査と同じである。お金の流通がデジタル貨幣に移ってくると、企業や個人の入金・出金が、サーバー上で管理されるようになるので、税務調査の方法もやがて根本的に変化するだろう。経営者による裏金作りや資金操作が出来なくなる。中国がデジタル元でやろうとしていることに、やがて世界各国も追随するようになるだろう。阿里巴巴(アリババ)のジャック・マーは、デジタル貨幣が普及したら、富の再分配が完全に公平になるだろうと予言している。インターネットの特徴の一つである「可視化」は、税金を取られる側も取る側も可視化されていくのだ。現実の共産主義は、支配層の官僚たちが権力を握り、独裁化・硬直化したために崩壊したが、デジタル共産主義は、どうなっていくだろう。人類の冒険の一つである。

税務署が好きな国民は少ないだろうが、それと同じようにJASRACが好きな一般の国民もあまりいないだろう。現状の音楽家や表現者にとって、著作権が大事であることは誰もが分かっている。問題は、JASRACを運営する側が、公明性をもって運営しているか、ということへの疑問である。音楽の版権を管理するなら、ブロックチェーンの技術によって、どの曲がどこでどれだけ使われたかを把握するシステムは、不可能ではないだろう。そうすれば、より可視化された、著作権の徴収と配分が可能になる。そのシステムが出来れば、現状で見逃されている著作権料の徴収も可能になり、莫大な収入になっていくのではないか。

「著作権がなかったら誰も音楽なんかやらない」という人もいるが、それは、音楽をやる人間に対しての侮辱だと思う。最初は、対価を求めて音楽活動を開始する人の方が少ないのではないか。また、そのような態度で音楽を始める人の音楽が、人を感動させられるとは思えない。

現状のJASRACは、今は活躍していないが、かつて活躍したスターたちに著作権料を支払うシステムなのだと思う。大ヒット曲を出した人ほど、永続的に収入が入る。それは、いわば年金のようなものだろう。

しかし、JASRACが、音楽業界の発展のために存在しているのなら、過去の音楽権利を守るだけではなく、未来の音楽に対する投資を行うべきだ。例えば、著作権料の半分は、既存の権利者に配分し、残りの半分は、まだ著作権が発生していないけど、未来を目指す若い音楽家たちに投資すべきではないか。

その方法は、さまざまに検討されるだろうが、こうした姿勢を持つことによって、JASRACは、単なる権利税務署の立場だけではなく、未来の音楽シーンを創造するための支援機関になっていくだろう。

企画内容

1. JASRACインキュベーション・プログラムを開始。
2. 既存音楽家の推薦による、若手ミュージジャンの育成プログラムをおこなう。
3. 推薦されたミュージジャンには、スタジオ代の負担や、楽器購入の補助を行う。
4. 若手ミュージジャンだけのライブやコンサートも実施する。

企画提案書

10

金融

君の力
(Kimino-Chikara)

僕がスランプの時は
誰かがヒットを打ってくれる
ように感じるのが
コミュニティというものだ。

企画提案書 10 - 1

君の力(Kimino-Chikara)

金融

企画趣旨

「寄付」(donation)の文化は、これからの日本社会において、重要な問題だと思われる。自分だけが利益を独占するのではなく、それぞれの人がそれぞれの出来る範囲で、自分が獲得した利益を他の人に分配する思いを持つことが、社会を安定させ、社会と共に生きる気持ちを生み出す。

しかし、現在の「寄付」の仕組みは旧態のままで、不明瞭な側面があり、寄付したい気持ちはあるけど、素直に寄付出来ない状況がある。不明瞭な点は以下である。

1. 自分の寄付が、いつ、どのように活用されるのか見えない。
2. 寄付を募集する団体がブラックボックスになっていて、団体の利権構造になっているのではないか、という不信感。
3. 寄付を受ける団体が、きちんとした活動をしているのか実態が見えない。

こうした不明瞭な点を解消し、透明感のある寄付システムを構築することによって、人々の善意が本当に必要な人や団体に届くことが出来るようになるだろう。

企画内容

1. ブロックチェーン技術を使った、透明性のあるドネーション・システムを構築する。

企画提案書 10 - 2

君の力(Kimino-Chikara)

金融

ブロックチェーンは、分散型台帳技術により、ブロックチェーンに記録されているすべての取引履歴は、だれでも確認することが出来る。このことにより、寄付された金額がどのように流れて、誰に届いたかを確認することが出来る。

2. 寄付を管理する事務局は、公開された一定のシステム管理費のみを受け取る。

3. 実際に寄付を受ける団体の一つのタイプは「認定NPO法人」になる。認定NPO法人は、所轄官庁が厳しい監査の上、認定されたもので、活動報告によっては認定を取り消される。

   2018年11月21日現在 全国 1,096件
   (認定 1,045件／特例認定 51件)

認定NPO法人に登録された団体を個別にヒアリングをして、推奨団体として認定し、希望の団体を選択出来るようにする。

企画提案書

11

金融

未来税金

愛は金で買えないが
タダというわけではない。

企画提案書 11-1

未来税金

金融

企画趣旨

JASRACや寄付と同じように、国民の大半は、税金を支払うことについては問題ないと思っているが、肝心の集めた税金をどのように使うか、ということが政治家や官僚たちの采配で一方的に決められてしまうことへの不審と不満があるのではないか。

私は、竹下登が消費税を導入した時に、新しい税務体系だと思った。これまでは、土地や資産や事業利益という、具体的なモノに対して税金が課せられていたのに対して、消費税は、まさに消費というコトに対して税金が課せられるわけで、人類が土地に規定された社会から、情報の中での社会的装置に変換されていくことを感じたからである。

しかし、現実は消費税という間接税に移行するなら、これまでの直接税は減らしていかなければならないはずが、そうはならず、消費税が単に国民から都合よく税金を徴収するための仕組みとしてしか、財務省は見ていなかったことが分かった。

いつか、日本の為政者たちも、人類が目指す方向に気がついてくれて、税務体制を根本的に見直すことがあるだろう。それは、議会制民主主義がすこしずつ変容していくところからはじまる。

議会制民主主義は、地域や業界団体、宗教、労働組合などの特定の集団を背景にした代理人が選挙に立候補して、それらの団体の支援で当選する。当然、当選したら、支援団体の利益追求のために活動する。すなわち、政治家が予算配分という権力を握り、支援団体に配分する。

しかし、すでに地域のコミュニティはかつてのように強固ではなく、労働組合の組織率も大幅に低下している。「組織」から「個人」へと人類社会の力点が移りつつあり、過渡期的には、マスコミなどを利用した人気取り選挙の時代が続くが、やがて、自立した個人のネットワーク型社会が到来するだろう。

そうした社会においては、国民の意識も変わるし、政治家の機能も変わるだろう。政治家は、何かの組織の代理人ではなく、個人として、社会をどのように変えていくかのビジョンが重要になるだろう。

ちなみに、国の予算というものは国民の税金で出来ている。だから、国に予算を請求するということは、必ず、その原資は私たちの税金である。コロナ渦において、さまざまな支援対策の予算が積み上がっているが、3.11以後の復興税と同じような、大型増税が待ち受けていることを自覚した上で、政府に支援を要求しなければならない。

企画内容

政治家が予算配分をするのではなく、国民一人ひとりが直接、予算配分を決めるようになる。例えば、総予算の半分は、官僚や社会インフラの人件費や維持費に使われる。残りの半分は、たとえばAさんは「文科省に50% 厚労省に30% 防衛省に20%」という具合に、自分が使ってもらいたい行政機関に直接、予算を割り振りする。国民の大半が福祉国家を望むなら、厚労省の予算が拡大するだろうし、戦争が必要だと感じたら防衛費が増大するだろう。これが直接民主主義である。

そうなれば、官庁の人たちも、政治家の子守りのようなことをしなくて、国民に対して直接、政策や展望をアピールするようになるだろう。そして、これからの政治家は、政治家らしい政治家ではなく、官僚たちが新しいスタイルの政治家になっていくのである。

企画提案書 11 - 3

未来税金

金融

「ふるさと納税」は、まだまだ未熟なシステムだと思うが、国民が直接、税金の行き先を決めるようになっていくのは、未来の先取りなのかも知れない。私は、「ふるさと納税」より「ふるさと本社」として、社長の故郷に本社を移転すれば、税金の待遇や、公共施設の利用などに便宜をはかることがいいと思う。都市部への一極集中が近代の方法論だとしたら、これからの時代は、中心を分散させていくことだと思う。

企画提案書

12

金融

KitCoin

金のない奴だけが
革命やる資格がある。

企画提案書 12 - 1

KitCoin

金融

企画趣旨

お金とは空気のような存在だと思う。それがないと死んでしまうが、たくさんあっても吸いきれない。必要な分だけ吸い込んで(収入)、必要な分だけ吐き出せば(支出)よい。お金の本体はストックではなくフローな存在だと思う。空気を買い占めたら、窒息する人が出てしまう。ちゃんと稼いで、ちゃんと消費するのが健全な社会システムとしての貨幣制度だと思う。

コロナ渦によって、実体経済の活動が停止してしまったが、同時に投資マネーによる虚構経済も、株価低迷になるだろう。ドイツなどでは、コロナ渦による政府の支援を受けた企業は、株主の配当を停止するように指導している。株主配当は、企業の健全なる活動の成果の、余剰として配当されるべきだが、実際の大企業は株主の権利が拡大されて、社員をリストラしても株式配当を優先したり、自社株を購入したりしている。日本の企業は内部留保が400兆円あると言われている。コロナ渦のような事態で最優先されるのは、自社社員であり、まずは内部留保で困難な状況に耐えるしかないだろう。

そして、情報化社会が推進されると、これまでのように、組織の上部にいる権力者が、自分たちの思い通りに組織や社会を動かせなくなる。自発的で自律的な個人によるネットワーク社会が登場するからだ。

その新しい情報共同体の中において、新しい貨幣が生まれる。それはサトシ・ナカモトが開発したブロックチェーンの技術に裏付けられたものだろう。

コンセプト的には、「地域通貨」と呼ばれる、地域の範囲内で使われる通貨の考え方と同じである。地域通貨は、地域の商店街や市民

企画提案書 12-2

KitCoin

金融

団体が発行し、地域の中でしか流通せず、法定通貨とは交換出来ない。

インターネット上に情報共同体が成立すれば、その内部だけで流通する貨幣が生まれる。その貨幣は、すべて情報ネットワーク上で管理されていて、へそくりも裏金も公開される。

そうした情報共同体の中の情報通貨（ブロックチェーン・トークン）が、空気のように人々の活動を活性化させていくだろう。

企画内容

1. 情報共同体の中では、誰もが、自分が国家になって貨幣を発行出来る。私は、長年、メディア活動を通じて、多様な人脈という名の「情報共同体」を持つ。発行する貨幣がKitCoinである。

2. 私が会員制のサークルを作り、会費を毎月1000円とする。私の情報共同体に参加したい人は、毎月、日本円の1000円を振り込む。

3. 1000円の会費を振り込んだ人には、1000KitCoinが渡され、自分の通帳に記帳される。

4. KitCoinは円には還元出来ないが、私が発行する書籍、実施するイベントやセミナー、スクールなどの参加費用として利用出来る。

5. 通常の会費システムと違い、KitCoinは、情報共同体の他のメンバーが発行する書籍やイベント参加費でも使用出来る。つまり、情報共同体の内部通貨となるのである。

6. 例えば、会員の一人が農業をはじめて、農作物を販売することが出来る。最初は、KitCoinを円に還元出来ないので、それだけで

KitCoin

は生活出来ないが、将来的に情報共同体が拡大していけば、そこでの経済圏も不可能ではない。物々交換の時代に戻るわけである。

7. アート作品などへの投げ銭としても使える。
8. また、仲間内の起業に対する出資や、結婚祝いや誕生日プレゼントとしても使える。
9. そして、KitCoinは、私の個人情報共同体の通貨なので、私が死んだら、香典としていただき、KitCoinは終了する。

企画提案書

13

金融

未来フェス・クラウドファンディング

本当の感動が
お店で売ってるわけがない。

企画提案書 13-1

未来フェス・クラウドファンディング

金融

企画趣旨

「クラウドファンディグ」というと、まだ「善意の資金を集めるカンパシステム」というイメージが強い。現実の日本のクラウドファンディグは、そうした一面も残っているが、ビジネスの主力は、すでに最先端のグッズやアイテムを探してきて、クラウドファンディングの形で販売するというスタイルが一般的になっている。ネット以前では、通販生活が世界の商品にアンテナを巡らせ雑誌で紹介して、枕やヒーターを大量に販売したという方式に似ている。新機能満載のトラベルバッグや、最新機能の調理器具など、思わず購入ボタンを押したくなる商品ラインアップが並んでいて、見るだけで楽しい。しかし、同じ商品を、Amazonなどで検索すると、すでに普通に販売しているものもある。

また、SONYやパナソニックのような大手企業が、新商品をクラウドファンディングで販売開始することも増えた。つまり、クラウドファンディングは「事前予約購入の通販ビジネス」という、新しい領域になっているのだ。

これまでの商品開発は「まず資本を集める」→「資本を投資して製品を作る」→「市場で販売して投資資金を回収する」という流れだったものが、クラウドファンディングだと「製品を企画する」→「市場で前払いで予約販売する」→「その資金で製品を作って、一般市場で販売する」という流れになる。「お金集めを目的として仕事で稼いで、その資金でやりたいことをやる」のではなく、最初からやりたいことを世の中の顧客にアピール出来る。

参加型社会の方向性としては、間違いなくこちらの方向だが、まだまだ初動の動きなので、問題はある。最大の問題は、お金を集めるために手数料がかかるということだ。現状、クラウドファンディング会社はいろいろ増えているが、手数料は通常は20%ぐらいかかる。これはクレジット課金の手数料を含んだ金額である。お金を集めるので、運営会社の信頼性が重要になる。誘い水として手数料を低くして利用者を集め、突然、手数料をあげてくる場合もある。

将来的には、個人対個人の資金の移動が手数料ゼロになるような仕組みと法制度が登場すると思うが、現状では出来ないので、既存のクラウドファンディング会社のサービスを利用するしかないと思う。

企画内容

デジタルメディア研究所は、長年「GREEN FUNDING」を使っている。「GREEN FUNDING」は、東大から電通に入って、やりての営業マンとして活躍していた沼田健彦くんが、クラウドファンディングの可能性に惹かれて創業して立ち上げたものだ。現在はツタヤのグループ入りしている。デジタルメディア研究所は当初よりフランチャイズ契約をしている。

●進め方とルール

◇ テーマ、内容、目標金額を連絡してもらう。

◇ 目標金額の11%を手数料としていただく。

◇ 目標金額を超えた分については20%をいただく。

※ つまり100万円を募集して、120万円集まったとしたら、100万円の11%、20万円の20%が手数料になる。目標に達するまでは、実

費で行い応援するから、それ以上の分については通常の手数料をいただく。

●クラウドファンディングを実施する人へのアドバイス。

◇「GREEN FUNDING」はAll or Nothingの方式なので、目標金額に到達しないと失敗になる。無謀な目標金額を設定すると失敗して、一円も入らない。

◇かといって、低くすると赤字になる。企画を実現するのに必要な最低経費+支援してくれた人にお礼を配送する費用+クラウドファンディング手数料を合計した金額で見積もりをたてる必要がある。

◇またクラウドファンディングは、自費出版と同じ構造で、自分の関係者に対して宣伝しないと、ただ頁を作っただけでは、動かない。自分たちのコミュニティや協力者に事前に相談して、ある程度、協力してくれそうだ、という確信を持ってからスタートした方がよい。

◇スタートしたあとも、頻繁に宣伝活動を続ける必要がある。

企画提案書

14

施設

音の図書館

世界には
同じ形をしたものはない。
言葉もまた。

企画提案書 14 - 1

音の図書館

施設

企画趣旨

令和の時代がはじまり、戦後社会が大きな変換点となる。

戦後社会は、政治・経済・社会・学術・文化、さまざまな領域で、さまざまな人が、懸命の努力で時代を築いてきた。

その記録は、さまざまな書籍によって残され、図書館に残されている。

インターネットの登場により、さまざまなテキストや動画がアーカイブされ、世界中の情報が検索できるようになった。

しかし、インターネットの流れの中で、抜け落ちている貴重なデータがある。それが「音声記録」。さまざまな領域で、各種講演会の講演の録音テープが存在していて、扱いに苦慮しているところも少なくない。

「音の図書館」を開設して、昭和・平成を生きてきた人たちの生の声と証言を集積保存することは、次の世代に対しての大きな資産継承になるはずである。

企画内容

「音の図書館」に収録すべき音声記録は、以下のようなものがある。

(1)講演会記録

戦後、さまざまな団体が講演会を実施した。そこでは、時代のキーマンともいえる講演者が、リアルな発言をしている。こうした団体の主宰者は高齢化を迎え、貴重な音源記録が失われつつある。

企画提案書 14 - 2

音の図書館

施設

◇ NPO法人 知的生産の技術研究会（知研）
故・梅棹忠夫氏の薫陶を受けた人たちが、1960年代にスタートさせた研究会で、全国各地に支部を持ち、多数の講演会を実施してきた。現在、音源テープを整理していて、貴重な講演が多数、残存している。

◇ 自治調査研究会
50年前に故・熊谷三郎氏によって設立されたこの団体は、毎月1回の講演会を現在も続けている。政財界のトップや、著名評論家を招き、少人数の観客を対象に、現在も講演会活動を続けている。講演記録の音源テープが膨大に蓄積されている。

◇ 政府の各省庁、地方公共団体、業界団体、業界親睦会などは、多数の講演会を実施してきた。こうした団体に呼び掛けて、貴重な講演会記録を集積する。

◇ 学術団体の記録も、映像化されているのは最近からで、戦後のかなりの期間において音声記録が行われ、学会、教育機関において保存されている。

◇ その他、日本各地で、独自の講演会活動を行っている団体がある。こうした団体の講演記録を永久保存する、「音の図書館」が必要だと考える。

（2）戦後社会を生きた人たちへのヒアリング記録

定年退職者などの高齢者に対して、若い世代が人生を聞き取る「傾聴ボランティア」の活動が盛んになってきた。震災の被災者のヒアリングなどは、貴重な社会的財産であると思う。こうした、一般人の方の音声記録を集積するのも、「音の図書館」の大きな役目である。

日本では、欧米のように、政治家や経営者が退任のあとに自伝を

音の図書館

残すという文化がない。文章にして書籍にするのは、専門家の作業が必要だが、音声記録であれば、より簡易に集めることができる。

(3)視覚障碍者のための「音の図書館」

帯広にある北海点字図書館では、一般の書籍を点字の他に、ボランティアによる朗読の音源にして、全国の図書館に提供している。

日本点字図書館が厚労省の補助事業として受託している「サピエ」は、視覚障碍者や、高齢者に向けて、「サピエ図書館」として、点字や音声データを提供している。

こうした施設との連携も「音の図書館」は効果的に機能する。

(4)ジャーナリストとの連携

ジャーナリストは、取材対象にインタビューを行う時に、テープ録音を行う。こうしたテープは無数にあり、それぞれのジャーナリストが保管していることが多く、編集プロダクションや出版社に死蔵されていることもある。こうした貴重な証言を社会的に蓄積していくことも、重要な役割かと思う。

(5)政府、行政、マスコミとの連携

国会答弁や、委員会の議事録をはじめとして、さまざまな「発言の記録」が保存されている。こうしたデータをアーカイブし、情報公開していく仕組みも必要になってくると思う。また、ラジオ局には、作品や取材などの膨大な音声データが残されている。

(6)その他、音声データの可能性

◇鉄道音、飛行機音など、乗り物の音や、川のせせらぎ、潮騒の音な

どの自然音を録音している人がいるので、地域別で収集する。

◇ ゲーム音、工場の機械音などを収集する。

◇ 街中の雑踏音、駅の発車メロディ、学校のチャイム、除夜の鐘など、さまざまな音を収録する。

企画の独自性と優位性

◇ 現代は映像の時代であり、YouTubeにはさまざまな映像記録がアーカイブされている。一部、貴重な音によるデータも収録されている。映像に比べて、音だけのデータにすれば、記録容量も少なく、低コストのシステムでデータベースが構築できる。

◇ 昭和、平成の期間で記録されているデータは、映像よりも音声だけのものが圧倒的に多い。

◇ 音声データは、さまざまなところに散逸していて、それぞれ取り扱いに苦慮しているところが多い。著作権の許諾などのルールを確立して、社会的な装置にすることにより、多方面から音声データが集まると思う。

◇ 高齢者の人生を聞き出すことができれば、世代の経験を継承することになり、社会にとって多大な寄与になると思う。

◇ スマート・スピーカーのような家庭内でインターネット上の音声コンテンツを楽しむ時代になってきた。例えば、スマート・スピーカーに対して「アレクサ、田中角栄の演説を聞きたいんだけど」と言うと、田中角栄の演説が流れてくるようなイメージである。

音の図書館

「音の図書館」の運営上の基本的な考え方

1. 音の図書館を設立し、コンテンツホルダーに対して保有音声テープなどの寄贈を求める。基本的に無償の寄贈となる。
2. 寄贈された音声テープは、必要に応じて発言者（著作権管理者）に対して許諾の確認を行う。音の図書館の趣旨を説明して、無償での許諾をお願いする。
3. アナログの音声テープについてはデジタル化し、必要に応じて、編集やデータ修復作業などを行う。
4. 「音の図書館」は、リアルな図書館とネットワーク上のバーチャル図書館とで成立する。リアルな図書館には「音の中央図書館」を設置し、そこを拠点として各地の図書館の視聴覚室との提携を行う。

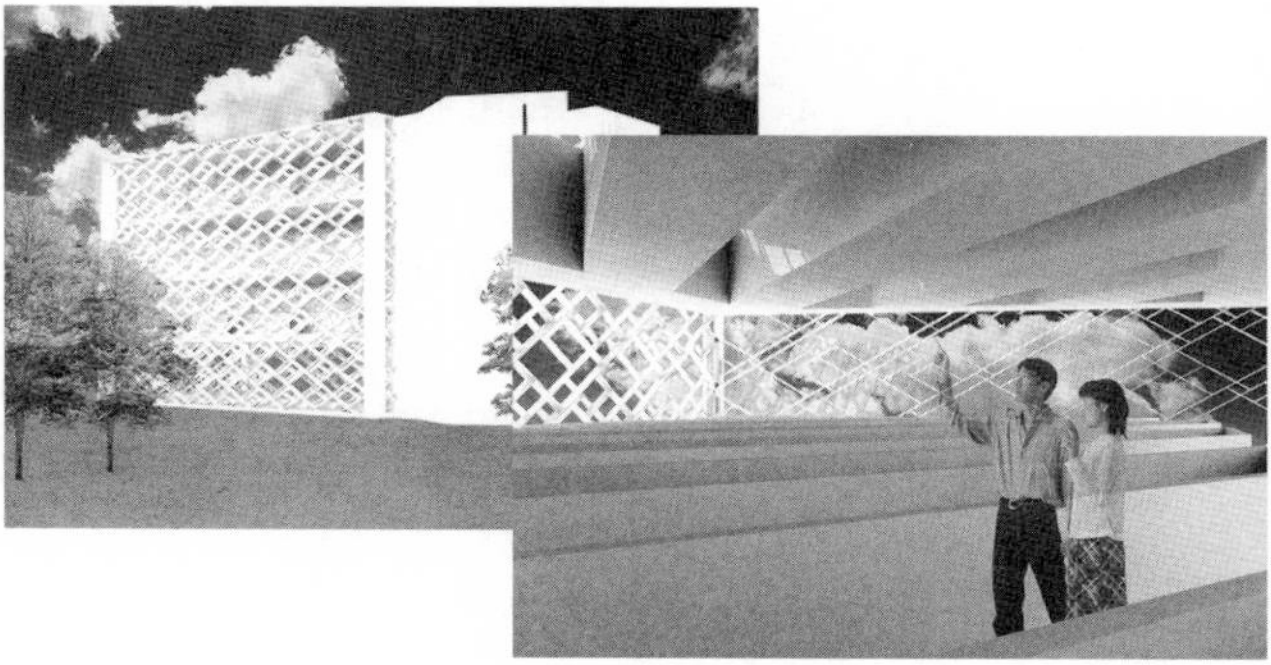

音の図書館の建築デザインは、柄沢祐輔。アルゴリズム建築という世界の大きな流れを日本人として追求している数少ない建築家だ。フランス国立ポンピドゥー・センターに作品が所蔵され、世界も注目している。

企画提案書

15

施設

未来図書・創造会議

人生にはネジがある。
何もしなくても
自然とゆるむネジである。
時々、意識的に締め付ける
必要がある。

企画提案書 15 - 1

未来図書・創造会議

施設

企画趣旨

(1)出版と図書館の関係

図書館は、近代社会を大きく推進する力になった。日本は長い間、世界から孤立して独自の文化と風習を育ててきた。明治になり、先進的な欧米文化を吸収し、一気に近代国家に成長するために、西欧の知識や学問の導入が必要となり、そのツールとして書籍が利用された。

優秀な学者や専門家たちは欧米に留学して、貪欲に知識を吸収し、諸外国の書籍を翻訳して、日本で出版した。資産家の子弟たちは書籍を購入出来たが、多数の庶民の子弟たちは新刊を購入することが出来ず、古書や図書館を利用していた。貧しい学生たちには、新刊を買い漁る余裕はなかった。

神田・神保町には世界有数の古書店街がある。御茶ノ水から駿河台にかけては、明治大学、中央大学、日本大学をはじめ、多くの私学が集まった地域で、その近辺にある神保町は、学生や教授たちの文献収集の場として栄えた。

大学などの教育機関には学校図書館が設置され、地域にも公設の図書館が競って作られた。インターネットがなかった時代、図書館が最大の知のデータベースであった。

出版業界と図書館業界は、初期の段階では共同して日本に書籍文化を作り上げた。実際、貧しい学生たちが、図書館で本の楽しさを学び、成人してから書籍の購入者になることが多かった。

しかし高度成長を経て日本が豊かになり、消費社会の発展によって大型書店が各地に展開され、ベストセラーが頻発し、書籍売上も上昇した。その結果、何が起きたかというと、大手出版社が図書館を利益相反の相手として認識し、中には図書館の存在を憎む出版人も現れた。それまで共同して、日本に出版文化を成立させようと思っていた関係が、出版ビジネスの拡大によって仲違いしてしまったのである。

(2)インターネットの時代

そして、インターネットの時代がはじまった。出版界というと、文学や哲学の書籍を発行する業界だと思っている人が多いだろう。もちろん、かつては文豪の時代があり、文学の世界でもベストセラーが続々登場したこともあるが、高度成長以後に領域を拡大したのは、実用書とマンガである。特に実用書は、高度消費社会の中で、新しい商品の登場とともに拡大した。冷蔵庫や電子レンジなどの家電商品が売れると、それまで祖母から母へ伝えられていた家庭料理のレシピが料理本の形で発行された。レジャーブームがはじまると、海外旅行のガイドブックが拡大していく。マイカーブームが起きると、自動車関連の雑誌が登場する。コンピュータが業務用から個人用に進化していくとパソコン入門書が飛ぶように売れ、ソフトバンクはメーカーの機種ごとに雑誌を創刊し、現在のソフトバンクの基盤を作った。ファミコンの登場で、ゲーム攻略本が売れまくる。このように、出版業界の隆盛は、単発のベストセラーではなく、特定のテーマの情報雑誌・情報書籍を、持続的なジャンルとして成立させたことで支えられた。

インターネットの登場が出版業界に打撃を与えたのは、この情報誌の領域である。文学や人文科学系の書籍は、昔からマス領域ではなく、今でも一定程度の読者は存在している。しかし、例えばゲームの攻略情報はインターネットに参加型でユーザーが情報を上げてくるので、出版社が発行する理由は減った。

「ぴあ」という70年代に登場したエンタメ情報誌は、映画好きの学生だった矢内廣くんが、自分たちが欲しい情報誌として創刊し、一時代を築いた。それは、まさにインターネットの情報化時代を先取りした、データベースとしての映画やイベント情報誌であった。未来を先取りしたから当時は売れて、未来が現実化したら必要がなくなってしまった。

(3)これからの出版業界

現実問題として、出版業界は瀕死の状態である。大量生産・大量販売を保障するための流通が、販売減に対応出来ない。出版業界は、出版社・取次・書店という流れで書籍が流通していたが、あくまで大量に流通することを前提に築かれた物流システムなので、出版物の販売減によってシステムを維持出来なくなる。

Amazonなどは、出版社に対してAmazonと直接契約することを勧め、契約しない出版社の書籍は、Amazonでも在庫表示がしにくくなっていると、小出版社の社長が嘆いていた。出版社も生き残りを賭けて、さまざまな模索をしている。

特に専門書の出版社が危機である。こうした出版社は、それぞれの学会の研究者たちが購読者であり、その購読者の中から教授になり、専門書を発行するというサイクルがあった。しかし、必要性を感じる少数の読者は常に存在するが、全体としては売上減であり、維持費も高騰している。学者の本は、すでにとっくの昔から印税は支払われていない。本を出さないと博士号の取得などに差し障るので、自費出版的に自著を購入する人も少なくない。

大学の講義などで学生たちに強制的に購入させることも、かつてはあったが、最近は書籍の定価が高く、学生も金銭的余裕のない人も多く、購入の指示は難しい。本質的な問題に向かい合わないと、日本の専門書出版業界は、死滅してしまう。

(4)図書館の人に訴える

図書館は、出版業界と二人三脚で発展してきたが、今、日本の出版業界は危機に瀕している。もし出版業界が崩壊したら、皆さんの業務はどうなるか、ぜひ考えて欲しい。公立的な図書館は予算制だから、予算がある限り書籍を購入する事ができる。しかし、その供給元である出版業界が、多様な本を出せなくなる状況になるかも知れない。必要な人には必要だけどベストセラーは望めないという専門書の領域を担うのは、資本も少ない小出版社が多いので、一番初めに崩壊の危機にさらされる。

これまで受動的であった図書館の皆さんの力で、新しい、必要性のある書籍を発行することに協力をお願い出来ないだろうか。

企画内容

図書館向け新刊出版クラウドファンディング

1. 出版社に「出版する価値はあるのだが、販売予測や制作コストの関係で発行をためらっている出版企画」の提出を求める。出版企画は、公開され、図書館の関係者が閲覧出来るようにする。

2. 出版企画には、著者・企画概要・制作コストなどが明記されている。

3. 自分の図書館で購入したい出版企画があれば、購入予約を行う。

企画提案書 15 - 5

未来図書・創造会議

施設

4. 購入予約が制作コストに達したら、企画成立になる。

5. 企画成立したものについては、出版社が編集・発行する。その本は、1年間に限り、図書館でのみ閲覧出来るように契約する。つまり、図書館に行かないと読めない書籍が発行されるので、その本が必要な読者やマニアは、図書館に行くことになる。

6. 図書館で、著者を交えた講演会やセミナーも実施可能。図書館への来館キャンペーンが企画出来る。

7. 1年後、出版社は、ビジネス的に採算があうと思えば、一般向けの書籍として発行出来る契約とする。プリプレス（編集・デザイン・DTPなどの印刷前工程）は償却してあるので、印刷・製本代だけで発行出来る。

企画提案書

16

施設

教育美術館

目をつぶらないと
見えないものがある。

企画提案書 16-1

教育美術館

施設

企画趣旨

(1)無用の用

芸術(アート)は、一般の生活者が日常的に使う商品を作るわけではなく、人間の感情や表現力の可能性の限界を追求するような領域にある。もともとは芸術も「優れた技術」のことであったのだろう。絵画や彫刻の職人たちの、すぐれた人たちが芸術家になった。

私たちは、歴史的な芸術作品を見て、作者が生きていた時代の本質を知り、歴史の流れを超えた美から、人間の能力の可能性を信じることが出来る。まさに「無用の用」としての芸術が存在する。

そのため、歴史的に見ても、芸術家の生活を支えたのは、それぞれの時代の権力者たちである。欧州では王室や領主が才能のある芸術家を抱えたり、育てたりして、歴史的な芸術作品を保存していった。権力者にとって、優れた芸術家を擁することは、支配する地域の技術的ステイタスを誇示することでもあったのだろう。

そして、王政による封建時代は終わり、近代の産業革命による大量生産・大量消費の時代を迎えて、権力者とは近代国家の為政者たちと、近代産業の事業成功者となった。明治から現在に至るまで、財閥や事業成功者は美術館を作った。

ル・コルビュジエ建築の国立西洋美術館、東京国立近代美術館(MoMAT)、国立新美術館など、東京は戦後の高度成長の発展で得た国家資金で、世界的な美術館を作った。地方行政も、競うように、各地に美術館を作った。

(2)事業家コレクター

一代で巨大企業を作り上げたり、代々の企業を急成長させた企業

企画提案書 16 - 2

教育美術館

施設

の社長は、豊富な資金でアート作品を収集し、そのコレクションを保管・展示するための美術館を建設する。

森ビルの二代目社長であり、現在の森ビル・コンツェルンの基盤を実質的に作り上げた森 稔（もり みのる）は、「オフィス上にアートを置く」というコンセプトで、六本木ヒルズの最上部に森美術館（MAM）を作った。

加えて東京ミッドタウンには、サントリーの佐治敬三が作ったサントリー美術館があり、国立新美術館の計3館が集まった六本木はアートの町として注目されることになった。

南青山にある根津美術館は、東京スカイツリーを作った東武鉄道グループの創業者である根津嘉一郎のプライベート・コレクションを保存するために作られた。

西武グループは、戦後の復興期に「ピストル堤」と呼ばれていた辣腕の事業家である堤康次郎が一代で築き上げたコンツェルンである。流通部門を引き継いだ堤清二は、西武百貨店という名門ではないデパートを一代でセゾングループとして発展させ、パルコや無印良品など、戦後消費社会を象徴する事業を生み出した。また、堤清二は辻井喬というペンネームで小説や詩を書く作家でもあり、現代アートに関しても卓越した審美眼を発揮し、セゾン美術館を作った。現在は、軽井沢にあるセゾン現代美術館に所蔵品がまとめられているが、アンディ・ウォーホル、ワシリー・カンディンスキー、パウル・クレー、ジャスパー・ジョーンズなどの、現代アートに関心のない人でもどこかで見たことのあるような有名作品が所蔵されている。また、堤清二との交友関係から、横尾忠則、荒川修作などの日本の現代アーティストの作品も多数所蔵されている。

企画提案書 16 - 3

教育美術館

施設

(3)不要不急

戦後社会は、敗戦の荒野からスタートし、一気に高度消費社会を築いた、人類史においても稀な急成長の時代であった。その中で、多くの成金や税制豊かな地方行政が誕生した。しかし、すでに、高度成長はとっくに終焉し、時代は急成長よりも、持続可能な社会方法論にシフトしている。

90年代初期のバブル崩壊時に、友人の紹介である芸術家が私に会いに来た。彼は東京藝術大学美術学部で、村上隆の同級生であった。彫刻をやっていて、70年代から80年代までは、地方自治体が庁舎や公共施設を作ると、必ず広場に芸術作品を設置するので、その仕事で生活していたようだ。その仕事が、バブル崩壊でバタっと止まってしまった。それで、一般の人向けに、実用性のある花器やカップなどのアート商品を作りたいとの相談だった。その人とのプロジェクトは具体的に関わることが出来なかったが、これからの芸術家は大変だなあ、と思ったことがある。

人類の歴史とは権力者の移行の歴史である。宗教家、武人、官僚、商人、教育者、実業家、政治家、あるゆるシーンで権力の集中があり、富の集中があり、その富の周辺に文化や芸術が栄えた。しかし、戦後社会からはじまり、インターネットの時代に明確になってきたのは、最終的な権力の移行は、一人ひとりの個人の側に移っていくということである。そうした時代において、芸術はどのように存在するのか、これは、大きなテーマであろう。

コロナ渦において「不要不急な外出はしないように」という通達が発せられた。芸術は「不要不急」である。しかし、それを切り離したところでの人類の生存の意味とは何なのか。コロナ渦が去ったとしても、芸術を、無数の個人が支えていく構造作りが必要だと思う。

美術館は、建築施設を作って、コレクションを展示するだけである。これは、もともとの美術館の建設理由が、有力者のコレクションを保管するための施設を一般の人に公開するというものであったから、来館者からの収入で運営費や新規作品を購入するというビジネスモデルにはなっていないからだと思う。

「プル(PULL)型＝引く」のビジネスモデルから「プッシュ(PUSH)型＝押す」へと変換する必要がある。

企画内容

1. 美術館を「本物の美を知るための学校」というフレームとする。
2. オンライン上で、無限教師(別頁にて紹介する、ステップアップ型オンライン教育システム)による「アート講座」を実施する。
3. 例えば、「アンディ・ウォーホルを理解するための100の質問」というような自習講義を実施する。「アンディ・ウォーホルの描いた缶詰のスープのブランドは何ですか」というような質問に、3択で答えていくようにする。
4. これを、各国語対応にして、ネット上で無料公開する。50問までは無料、それ以上は有料という方法も検討。世界中のアンディ・ウォーホルが好きな人や、勉強したい学生たちが、「アンディ・ウォーホル」を検索するだろう。
5. 100問まで正解に達すると、「本物の美を知るための学校」への入学資格が与えられる。
6. この学校は、特別会員のサロンであり、以下のようなサービスを受けられる。

企画提案書 16 - 5

教育美術館

施設

◇ 美術館で、会員限定の「本物のアンディ・ウォーホルを、じっくり鑑賞出来る特別展示会」に参加出来る。
◇ 本物のアンディ・ウォーホルが壁にかかっているホテルに宿泊出来る。
◇ アンディ・ウォーホルの絵を鑑賞しながら、美術評論家のプライベートな講義を受けられる。

備考

◇ 本企画のターゲットは、世界中のアンディ・ウォーホルのファンであり、リッチ＆ラグジュアリー層である。
◇ 日本に旅行したい外国人富裕層は大勢いるので、その中で芸術に関心のある人達が、日本を訪問する動機づけとして「アンディ・ウォーホル」を観に行くこととなる。もちろん、ウォーホル以外のアーティストについても、展開をする。
◇ 将来的には、アンディ・ウォーホル・クラブのような、全世界を対象にした、愛好家のクラブを作り、共同出資でウォーホールのコレクションを購入する。個人のネットワークで、アートを保存・育成する組織へと発展させていく。
◇ 日本各地の美術館と連携して、「富裕層向け日本のアート作品、プライベート展示会ツアー」みたいなものも展開出来る。通常は門外不出の国宝や仏像の見学を加えることも出来る。
◇ オンライン美術教育は、富裕層以外のアートファンも参加するので、そうした層に対しては、割引券や特別イベントなどの企画を行う。

企画提案書

17

施設

公私融合空間店舗「まざりや」

来客のない部屋は汚れる。

心の中も。

企画提案書 17-1

公私融合空間店舗「まざりや」

施設

企画趣旨

戦前までの日本社会は「滅私奉公」の社会であった。公(国家)のために私情は殺して尽くすことが美徳であった。戦後社会も、組織(政党や企業など)においてその論理が貫かれていたが、一方で「個の自覚」も生まれ「滅公奉私」の気分が生まれてきた。「滅私奉公」を要求されているサラリーマンの世界に「日本一の無責任男」(植木等、青島幸男)などのキャラクターが登場し人気を得て、やがて90年代になると、植木等のマインドを継承した高田純次の「5時から男」が広がってくるようになる。

インターネットが登場した90年代後半、雑誌「日経ビジネス」で「インターネットの世界は公私混同の世界だ」と書いた。「滅私奉公」でも「滅公奉私」でもない、公と私の領域が混同してくるような「公私混同」社会になると。例えば、メールという連絡システムでは、会社で仕事をしている時に、プライベートなデートの約束なども交わしている。でも逆に、プライベートな時間であるはずの深夜に、クライアントからクレームのメールが来て対応しなければならなくなることもある。この事態は、さまざまな場所で混乱を起こした。学校教育の現場では、帰宅した家にまで父兄からの相談などが届いてしまい、先生の「私の時間」が抑圧された。仕事で忙しい人ほど、パソコンやスマホの導入を嫌ったという傾向が初期には見受けられたのである。新しい技術が業務を楽にするのではなく、余計な仕事を増やすと感じた人もいたと思う。

しかし、インターネットの普及は、「公」と「私」の境を消していく。情報化社会は、そうした環境を新たに創造しつつある。私たちは、公私混同社会になりつつあることを認識して、次のビジネスや社会装置を作っていかなければならない。

企画内容

1. 商店街の活性化プランとして、シャッター商店街の空き店舗を用意する。
2. そこを商店街全体の「公私融合空間」として、昼間はカフェ、夜は酒場として解放する。
3. 提供するものは、ドリンク類だけ。お菓子やツマミ類を商店街の店舗で買った人だけが入場可能。
4. 今後、インターネット上のコミュニティやフォーラムが盛んになるので、オフ会の場所として貸し切りにすることも可能。

企画背景

(1)宅飲み酒場「アヤノヤ」

今は休業しているが、品川区中延の商店街に宅飲み酒場「アヤノヤ」があった。西田彩乃さんが個人オーナーの小さなスナックである。

西田さんは、丸の内のレストランのホール担当をしていた。ワインとマナーと接客の技術については自信を持てるだけのものを身につけたが、その次の人生を考えて、自分のお店を立ち上げた。西田さんの店で立ち上げの経緯やコンセプトを聞いたことがあった。

「『宅飲み酒場アヤノヤ』は、品川区中延の商店街にある。チャージなし、ワンドリンク300円、つまみや料理はなし。商店街で買ってくるか、他のお店からケータリングしてもらえる。」

「お酒は好きだが、料理は得意ではないので、無理することはないと思った。自分の家でお酒を飲むのは好きだが、もっと大勢で宅飲みをしたかった。」

「お客さんは、お酒代だけでOK。お通しもなしだから、めちゃくちゃ安い。お酒もいろいろ揃えてある。」

「山手線の周辺は、オリンピックに向けて外国人の客が増えて、普通のサラリーマンは入りにくくなるだろうから、山手線から外れた場所を探した。中延は、地元の人ばかりの町で、村みたいなところ。安く飲めるところがあれば、常連がつくだろうと思った。」

「立地で考えたのは、ドトールと鳥貴族とコンビニがある地域。そういう大手チェーンは、綿密なデータ分析をしているから、一人暮らしや、近所で安い飲食店があれば行く層がいるということだ。」

「創業資金は、クラウドファンディングで集めた。クラウドファンディングは、資金を集めるためのものだが、同時に開店前から常連客やファンをつかむためにも使える。募集の項目を『お客さんが読める本を並べる本棚を作りたい』『路上ライブが規制でむずかしくなってきているから、お店でお客さんがライブ出来るようにカラオケセットが欲しい』とか、店の企画をどんどんアップしていって、SNS上で関心を持ってもらった。『10万円で5年間、お酒飲み放題』という募集もやったが、数人応募してくれた。その人たちは、毎日飲みにくるわけではない。一度も来ない人もいる。そういうのにお金出してくれる人はリッチ層だから、払った分だけ元取ろうなんて思わない。」

「飲食店のライバルは飲食店ではない。SNSがコミュニティ化して、その世界の中で、おしゃべりしたりコミュニケーションをとってる。だから、SNSをライバルにして、飲食店はそこからリアルな店舗に人を持ってこなければだめだ。」


素晴らしい発想とエネルギーだ。飲食店のライバルはSNSだという認識は、今の飲食店オーナーが欠落しているところだろう。飲食店の価値は、おいしい料理と飲み物であるが、同時に、友人たちとコミュニケーション出来る空間の価値もある。コミュニケーションの価値を追求した「宅飲み酒場」を作り出した。

若い人たちの模索は、とても嬉しく頼もしい。旧世代の大人たちは、彼らの客になるか、彼らとともに新しい社会システムを築いていかなければと思う。

(2)持ち寄り屋台

「アヤノヤ」を教えてくれたのは、デジタルメディア研究所でアルバイトしている吉池拓磨である。吉池は大学を卒業して就職した会社が、少しブラック気味だったので故郷の長野県上田市に帰り、林業に人生を賭けようと、地元の林業関係の公社に入ったが、今の林業は林業で生活するのではなく、公的な助成金や補助金で成り立っていて、その申請作業ばかりやらされるのに絶望して、再び東京に来たところで私と出会い、バイトをしてもらうことになった。

ある時、彼が自宅アパートに帰るために夜道を歩いていたら、空き地にブルーシートを敷いて宴会をしている大学生のグループがいた。その大学生の一人が吉池と目が合うと「一緒に飲みませんか」と誘った。吉池は突然だったので、無視して帰宅したが、落ち着いてゆっくり考えてみると、「街角で知らない人同士が出会って飲み会するなんて、なかなか良いではないか」と思った。

そこからいろいろ考えて「屋台」をやることにした。屋台であれば路上の店を出して、見知らぬ客が来て、客同士が交流することも出来る。行動力のある吉池は、ヤフオクで中古のオンボロ屋台を1万円で購入して、友人の建築家に協力してもらい「吉池屋台」を完成させた。

そして、区役所などに行って、屋台の申請などを相談にいったが、どこでも「屋台は認めない。自動車を改造したキッチンカーにしなさい」と言われてしまう。確かに、路上の屋台は、福岡や広島では有名だが、日本各地の屋台村は駐車場などを利用した固定店舗ばかりだ。人力で移動するラーメン屋はみかけなくなった。衛生面や道路規制の問題もあり、屋台は排除されているのだろう。屋台の申請は受付けてもらえたが、公道で営業するのは無理のようだ。

相談を受けたので、世田谷区・桜新町にある「桜神宮」の芳村正徳官長に相談した。芳村さんとは古い友人であり、桜神宮の施設は、よくイベントやセミナー会場として利用させてもらっている。芳村さんの了解を得て、桜神宮の大鳥居の下で、吉池屋台がスタートすることになった。

吉池屋台のコンセプトは、料理を提供する飲食サービスではなく、客と客とのコミュニケーションを促すことがテーマである。「アヤノヤ」の方法を援用して「持ち寄り屋台」と名付けて、酒だけは提供するが、つまみ類は、客が持参するという方式になった。持参するつまみがない場合は、近所のコンビニで自分の分を買ってきてもらう。

すでに2年以上、不定期だけど屋台を続けている。桜新町には縁もゆかりもなかったが、今では、地元のちょっとした有名人である。常連さんも増え、早い時間では小学生も遊びに来たり、会社員や、老夫婦など、多様な人たちが集まっている。希望する人がいたら、「一日店長」にもなれるので、アーティストがアート屋台の日にしたり、

企画提案書 17 - 6

公私融合空間店舗「まざりや」

施設

花屋さんが花屋屋台にしたりして、可能性を広げている。

吉池は、「持ち寄り屋台」(つまみは客が持ち込む屋台)をやりたい人を増やして、全国のさびれた商店街に広げていきたいと思っている。さびれた商店街の一角に持ち寄り屋台が出来れば、商店街で肉屋や惣菜屋さんからつまみを買って屋台に集まり、飲みながらおしゃべり出来る。

今、日本各地で、吉池のように、「人と人との交流の場」を作ろうとしている若い人たちは大勢いる。吉池も、そういう人たちと連絡をとりあっている。

店主と客という公的な関係を一度崩して、人々が混じり合うビジネスシーンがこれから生まれる。「公私混同」の時代も終わって、「公私融合」の時代がはじまるのだろう。

企画提案書

18

施設

コインランドリー・コミュニティ

生活以上の学校はない。

企画提案書 18-1

コインランドリー・コミュニティ

施設

企画趣旨

都市化において失われたのは、地域の中の「場」である。路地裏、原っぱ、井戸端、銭湯など、かつては地域の中に人々が集える「場」があった。

情報化社会が進展すればするほど遠くなっていった「場」を取り戻すことが、次代のテーマとなるだろう。

企画内容

地域のコインランドリーを拠点にして、地域コミュニティを創造する。

(1) 共同書棚の設置。利用者が不要になった書籍を持ち寄り、他の利用者が自由に閲覧、持ち帰り出来る。本の管理は、地藏真作くんが開発・運営しているリブライズを活用。リブライズは、本のバーコードを読み取ってサイトに公開し、個人でも喫茶店でも、バーチャル図書館が出来て、近所の人に貸し出し出来るシステムだ。「すべての本棚を図書館に」というコンセプトで各地で私設図書館が生まれ、蔵書数は738242冊に達している。

(2) 電動工具や撮影機材など、地域の人が所有している機材を、地域の人がシェアリングする。自動車、自転車なども当然、シェア。

(3) レシピ共用。家庭料理で作ったレシピを持参し、ファイリングする。地域に合わせた季節の食材の利用を、新しく地域に参加した人に紹介する。

(4)地域新人に対するプレゼンを行う。新しく地域に参加した人に、郵便ポストの位置とか、おすすめ飲み屋とか、先住の人が教えるセミナーの実施。

(5)コインランドリー・コミュニティを各地に拡大して、相互の交流や、スポーツ大会、ゲーム大会などの実施。

企画背景

(1)家庭の充実が地域を崩壊させた

電気洗濯機が家庭に普及する以前は、お母さんたちは長屋の井戸端に集まって洗濯しながら、世間話や近所の噂話をしていた。いわゆる「井戸端会議」であり、話されている中身は、今のSNSで語られているようなことと大差はなかっただろう。中身は同じで環境だけが変わったのである。

テレビが家庭に登場する以前は、子どもたちは学校から家に帰ったら、家を飛び出してガキ大将に従って遊んだ。いわゆる「ガキ大将グループ」である。地域の日常的なコミュニティを作ってきたのは、母親と子どもたちである。大人の男たちは、祭りや防災対策などの非日常的な役割で地域を支えた。

地域の崩壊は、近代合理主義が家庭の中だけですべてを処理しようとしたからである。銭湯が内湯になり、食堂が持ち帰り弁当やケータリングになった。家庭の中の充実が、地域を遠くしていったのである。家庭の中を、外の社会(ビジネス)が侵略していったのである。ちなみに私は1950年に東京新宿の四谷に生まれたが、60年代に内湯が出来たが、家族はみんなそれを使わずに銭湯に通っていた。銭湯でのコミュニケーションと広々とした湯船を知っている者にとって、内湯の狭さと孤独感は使う気にならなかった。しかし、最初から内湯しか知らない世代にとっては、それが当然なのだろう。今、スーパー銭湯的な、新しい銭湯が増えている。近所に「鷹番の湯」という新銭湯があるが、男性の方はそうではないが、女性湯の方は、常連たちのおしゃべり広場化しているようである。

(2)明るく美しい未来へ

私の家の近くに「フレディ レック・ウォッシュサロン」(東京・目黒)というコンセプチュアリーなコインランドリーが出来た。コインランドリーは、最初、銭湯の中のサービスとして始まった。独身の人は洗濯機を買うほどではないので、銭湯に行って湯船につかっている間に洗濯が出来るのは便利だった。やがて内湯が増えて銭湯文化が消えていくと、町の大家さんが副業ではじめるようになった。自動販売機の一種として普及したのだろう。大家さんは場所を貸すだけだから普通では借り主のない物件とか、暗くて汚れた感じの空間が多かった。それは世界共通のようである。

ドイツのフレディさんという人が、「洗濯はきれいにするところなのに、コインランドリーが汚いのはどういうことだ」と気が付き、おしゃれな空間にして、評価を得た。更に洗濯が終わるまでに待ち時間があるので、おしゃれなカフェを併設した。そのコンセプトを持ち込んで、ウォッシュサロンとして日本に導入し、いつも賑わっている。

この話を聞いて、「未来食」という新しい自然食のコンセプトを展開した大谷ゆみこさんのことを思い出す。彼女とは、1991年に仙台で行われた「スピリット・オブ・プレイス」という国際シンポジウムで出会った。彼女は「自然食レストランって、考え方は正しいのに、汚いし暗いじゃない？　あれを、綺麗で美味しそうな料理にしたいの」と未来食のコンセプトを語ってくれて、「未来食」という本を一緒に作った。「正しいけど、汚くて暗い」ものを、明るいものにするというのは、一つの時代の方法であろう。

ところで、日本のコインランドリーは、今はなき三洋電機が開発したもので、三洋がその事業部だけでも推進していけば、世界シェアを取れるコインランドリー・メーカーになれたのに、と思う。

(3)裏六本松プロジェクト

私のメディア舎弟で、松島凡という男がいる。私には、同じ故郷を持つわけでもなく、同じ学校にも職場にもいたことがないのに、やたらと緊密な関係になる仲間がたくさんいる。いつも、仕事にもならない仕事を、共同で追求してきた仲間である。凡ちゃんは破天荒な男で、九州で生まれ、東京で学び、就職した。いくつもの武勇伝を作ったが、前職では私の指導で、社内で社長賞をとった(笑)。

その彼が、生まれ故郷である福岡・六本松で、「22世紀型公民館」をコンセプトに掲げる「ダッズランドリー」というコインランドリーを開業した。液体のオーガニック洗剤を使い、安心して洗濯出来る「井戸端」を作り、そこを中心にカフェやレストランや書店や靴磨きなどのテナントを誘致している。

アフターコロナの方法論は、単に過激に近代化を促進しただけのIT社会ではなく、「半分戻って、半分進む」という方式であるというのが、本書で多く語っていることだ。何処に戻るのか。それは、明治以来の近代化と、それを過激に加速化した戦後社会の中で、失われたり壊されたものの本質に戻るということである。

そのためには、まず人間(自分)が変わらなければならない。私は「民間公務員」という概念を持っているが、これからの国民は、民間と公務員の両方の資質を止揚した存在になるのである。民間は自分のことしか考えないが、公務員は全体のことしか考えない。そうではなく、自分の利益を追求しつつ、全体の幸福を願うことをビジネスの原動力にする方法だ。そういう意味でも、凡ちゃんが「22世紀型公民館」を標榜したのは、素晴らしい行動だと思う。

福岡は九州の中でも飛び抜けて発展している地域である。アジアとの連携も昔から強く、食事も美味しい。その中で、六本松地域は、福岡の高等裁判所、地方裁判所、簡易裁判所、家庭裁判所、検察庁などが移転し、司法事務所も増えて、新たな賑わいの場所として注目されている。この地域に、新しいコミュニティの拠点が出来るのは好ましい。ぜひ、福岡を訪問する人は、「ダッズランドリー」を訪問して欲しい。

「ダッズランドリー」イメージ

企画提案書

19

国際

アジア交流図書室

夕焼けがきれいだったら
夕焼けの方向に
進んでみればよい。

企画提案書 19 - 1

アジア交流図書室

国際

企画趣旨

多民族国家であるアジア諸国は国内に民族格差ともいうべき問題を抱えている。アジアの発展は都市民族によって進められ、少数民族は発展から取り残されている。

これからの国際社会で必要なのは、個人と個人、地域と地域のつながりではないかと思う。アジアの発展は、政府間や企業間に任せて、アジアの山岳民族との交流事業を進めてきたAEFA(アジア教育友好協会)と連携して、AEFAが建設してきたアジアの山岳地方の学校300校に図書室を建設して、交流を促進していく。

企画内容

1. 本に関心のある人、図書館の関係者を集めて、AEFAが建設したアジアの学校の見学ツアーを実施する。最初は、ベトナムの山岳地帯に行く予定。
2. 現地見学を経て、参加者で議論をし、図書室の設置計画を立案する。
3. 選書、翻訳、書籍管理などの運営などを検討。
4. 建築設計、業者選定などを行う。
5. 資金計画、メンテナンス計画を策定する。
6. クラウドファンディングで資金を集め、図書室を寄付する。
7. 読書相談人の育成、追加図書の寄付など、運営サポートを行う。

アジア交流図書室

企画背景

(1)AEFAと谷川さんのこと

AEFAは、2004年にスタートして以来、16年間で300もの学校を、とりわけラオス、ベトナム、タイなどのアジア諸国の、山岳少数民族のための学校を中心にして建設してきた。AEFAの活動の特徴は、単に箱物を建設して終了というものではなく、学校建設のプロセスから運営まで、人間の血の通った方法で持続的な学校のあり方を追求してきたところにある。例えば、建設した中学校の卒業生を都市部の師範学校に送り、地元の先生として学校に戻す活動なども行っている。

AEFAの活動を中心で支えている谷川洋理事長は2008年度に文科省から受託していた「ODECO」プロジェクトを実施する中で、友人の紹介でお会いして以来のお付き合いである。

AEFAの活動を長い間見てきて、谷川理事長の魅力もあるのだが「これは単なる慈善行為ではないな」と思った。これは新しい事業プロジェクトであると。私は自分の会社を立ち上げる時、仕事に関して3つの領域を設定した。

1.儲かる仕事

2.儲かるかも知れない仕事

3.儲からないけど、やらなければいけない仕事

この3つをバランスよくこなせたら良いと思っていた。AEFAの仕事はまさに「3」の領域になるものだ。

谷川さんはアジアの山岳地方の少数民族の村を訪ね、子どもたち

の母親を中心とした住民会議を繰り返し、学校建設の必要性を住民自身が確信するまで行う。地元のNGOや行政関係者の協力を得て学校を建設し、教材や先生の手配まで目配りする。こうして建設した300のアジアの学校と、日本の小中学校とで姉妹校を結び、子どもたちの交流も促進していく。

本来なら日本の政府がやるべきことを、AEFAは、数人の主力メンバーで行っている。アジアの各地では、一時の勢いで資金を集めて建設したけど、作っておしまいにして放置されているような学校が少なくない。谷川さんは、こうした放置学校に生命を吹き込み、運営サポートする対応も行っている。

(2)なぜ、アジアに学校なのか

アジア諸国は小さな部族が集合して国家が形成されてきた。日本も本来はさまざまな地域から流れてきた部族と土着の民族とが集まって出来た多民族国家だが、小さな島国の中で長い時間を経て、日本人という一体感を持った。対して地続きの大陸の中に出来た国家においては、小さな部族が散開してそれぞれの文化を継承してきた。

今、アジア各国は急速に近代化を進め、高度成長に沸いている。しかし、その発展の恩恵を受けているのは、都市部を形成した中心民族である。地方に行けば別の民族がいるし、山岳部に行けば、一村一民族というようなところも少なくない。

中国の中心民族は漢民族である。北京、上海、重慶、武漢などを発展させたのは漢民族であり、権力の集中も漢民族中心に行われている。新型コロナウイルスの発生により、都市部に働きに来ていた農民工(民工)が都市から帰郷したため工場が稼働しなくなった。ニュースによると、その数、3億人とあった。1億人という説もあるが、いずれにしても、日本全体の人口と同じ数の労働者が農村から都市部に出稼ぎに来ている。中国の戸籍制度では、農村で戸籍を持っているものは都市部に移籍出来ないので、都市部と農村部の人たちの間に、さまざまな格差が広がっているということだ。

毛沢東は「農村が都市を包囲する」という戦略で、都市部の資本家勢力にゲリラ戦を仕掛けたが、現代においては、都市部の人たちが農村部の労働力を搾取して、生産力向上と膨大な利益を得ているのではないのだろうか。

アジア諸国においても同様であろう。都市部の民族が国際的に発展しても、地方の民族は都市部ほど恩恵を受けず、山岳民族となるとアジアの発展からは切り離される。谷川さんがアジアで最初に目撃したのは、都市部の民族や外国人たちが、近代意識のない山岳部の民族をだましたり、利用したりしていた現実である。大事な山の樹木を切り倒されたり、ひどい時は、麻薬を低賃金で作らされたりしていた。

谷川さんは東大を卒業後に丸紅に入社し、エリート商社マンとして世界で活躍していた。しかし、アジアのそういう現実を知っていたので、ラオスの山岳部で学校を作った。その時、村中の人が谷川さんに腹の底から感謝をした。日本で日常生活を送れば、感謝されることもあるだろうが、「腹の底から感謝される」ことはまずないと思う。しかし、谷川さんは、村人全員から、その感謝の視線を向けられたのである。谷川さんは、泣いて、残りの人生は、アジアの山岳部に学校を建設するという想いをもった。目標は300校。こんな途方も無い獲得目標を設定して、なにがなんでもと定年後の人生を賭けてきた。そして、76歳にして、目標の300校を突破した。

アジア各国の政府や先進的企業とは、日本の政府や企業を含め、互恵的関係をこれからも強めていくだろう。そうした経済的関係とは無縁なところで、谷川さんは日本人個人として、アジア各国の人たちと交流を深めている。

インターネットの時代、本当に必要な国際交流は、国家や企業に個人の想いを仮託するのではなく、一人の人間が世界の一人ひとりの人間と、信頼関係をつむいでいくことではないだろうか。

(3)AEFAのノウハウを共有しよう

元和田中校長の藤原和博くんとは、彼がリクルートで活躍していた頃からの友人である。和田中の校長時代も何度か訪問させていただいた。彼に谷川さんを紹介したところ、持ち前の馬力で「アジア希望の学校基金WANG」を設立し、10校近くの学校を寄付した。先日は藤原くんの紹介で、キングコングの西野亮廣さんが本の印税をAEFAに寄付して、ラオスに学校を建設した。

300校を作ったということは、それだけ多くの日本の企業や個人が寄付をしたということであり、そのネットワークも貴重なAEFAの財産である。また、AEFAの功績で大事なことは、ラオス、ベトナム、タイの各国に、現地人だけのNGO(政府間協定によらずに設立された国際協力組織)設立を支援したということである。NGOの多くは、欧米の財閥や基金の支援で設立されている。善意で活動しているのだが、やはりビジネスライクで、地域の貧しい人たちが少額のカンパをしても、運営費としてマージンはとっていく。その辺の矛盾を現地の人に相談された谷川さんは、現地の人だけのNGO設立をアドバイスし、AEFAの学校建設は、そうした各地のNGOと提携して、各国の行政組織や工務店などと交渉してもらい、費用を支払うという構造になっている。

谷川さんは、自身は年金で生活をして、報酬といえるほどのものは受け取っていない。76歳になり、目標の300校にも達したので、今後のことを考えている。

一つは、AEFAの経験や人材ネットワークを他の団体にも提供したいということだ。「アジア希望の学校基金WANG」がモデルになるが、資金集めやプロモーションは自分たちの組織で行い、実行面でAEFAがお手伝いするという方式だ。将来的には、それぞれの団体が自前で学校建設が出来るようになれば、それがベスト。

いわばAEFAは、ASP(Application Service Provider)として、国際貢献活動を行いたい人たちの支援装置になるということだ。日本の企業で活躍したサラリーマンたちが、自分たちの経験を活かして、老後を国際貢献に賭けるというのは、素晴らしい事業ではないか。そして、それはすでに谷川洋というモデルが存在する。

そして、もうひとつのテーマは、建設した300の学校の施設向上である。

(4)アジアの学校に図書館を

日本が近代化することで、本が人々の知識・教養を高め、人類の歴史、生物の進化、多様な文化や芸術、宇宙の秘密、機械の仕組みなど、さまざまな好奇心の目を子どもたちに与えた。

現在はインターネットの時代だが、まずは、本というデバイスを、AEFAが作ったアジアの学校向けに設置していきたい。

モデル施設として、ベトナムのトゥエンカン省キエンティエット小学校に施設が完成している。この図書室には、屋内に書棚とクッションに座って読書するスペースがあり、屋外では椅子とベンチを置いて読書やイベントを行える。

企画提案書 19 - 7

アジア交流図書室

国際

NPO 法人 アジア教育友好協会

http://www.nippon-aefa.org/

タイにて　谷川さん(左)と私

企画提案書
20

国際

P2P観光協会

若さとは、
自分で使う以外に
誰にもあげられない。

企画提案書 20 - 1

P2P観光協会

国際

企画趣旨

次の時代は、「1対1」(P2P)の人間関係が重要な時代である。組織対組織、国家対国家の対立や親睦の交流ではなく、一人ひとりとの関係性が社会全体を動かしていくようになる。

「クールジャパン」のような外枠のイメージ戦略ではなく、日本のアーティストと外国のアーティストとの交流、ファンとファンとの交流などが文化交流においても重要であり、そうした仕掛けや場作りが必要となる。

企画内容

P2P観光協会の事業

(1)P2P観光協会研究所を設置する。

◇外国人と、個人対個人の関係性を大事にしたい人、実践している人を研究員として登録する。

◇研究員は、自分の個人的に関係した外国人との交流の記録を報告し、それぞれの報告を研究員間で共有する。

◇共有データを分析し、議論し、「外国人から見た日本の課題、問題点の摘出」「見逃している日本観光の穴場」などの報告書を作成。

◇政府、観光業界からの受託調査を請け負う。

(2)P2P観光協会交流事業部を設置する。

企画提案書 20-2

P2P観光協会

国際

◇外国人と日本人の個人的な関係を育成するための、各種イベント、各種施設、各種Webサイトなどを企画・運営する。

企画背景

1.Momoka Japan

「Momoka Japan」というYouTuberの番組がある。モモカという名の京都生まれで東京で生活している20代前半の女の子が放送している。彼女は農業系の学校にいて英語の授業は散々だったが、奮起して独学で英語を学び、持ち前のコミュニケーション能力を発揮して、京都や東京を訪れる外国人旅行者に街角で声をかけ、コンビニのお菓子とかカレーパンとかを食べてもらい、その感想を聞くというYouTube番組をやっている。

見知らぬ外国人に声をかける。断られることも多いと思うのだが、受けてくれた人たちは、楽しそうに日本の食べ物を味わって感想を語ってくれる。フレンドリーな女の子でもあり、YouTubeは世界共通なので「YouTubeにはじめて出るわ」と喜ぶ外国人も多い。大手放送局の名前をあげるより、理解と親密度が高いだろう。

同じように外国人に日本の文化を紹介する番組は多いが、彼女の優れているところは、質問のパターンが統一されていること。「名前は?」「何処から来ましたか?」「この食べ物食べてください」「感想はどうですか?」「10点満点で何点ですか?」である。これは、マーケティングデータとしても活用出来るし、質問者と回答者が仲良くなり「今度、あなたの国に遊びに行くから案内して」みたいな関係性を結ぶこともある。P2Pの国際親善である。

テレビ局のような企業が世界の人を紹介する番組を作ったり、公的な国際親善団体が、さまざまな国際交流企画をやっても、本当の一人の人間と一人の人間との関係は生まれない。モモカみたいな女の子が、これからの国際交流の流れを作るのだろう。取材を受けてくれたという点もあるが、誰もが彼女のインタビューを受けて、日本が更に好きになったろうと思う。

2.世界の中に日本人

私の友人で星健一という男がいた。「ポンプ」の編集をしていた頃、いきなり編集部に現れた広告屋さんである。独特の雰囲気と味のある文体を持つコピーライターである。仲良くなり、一緒に仕事したり遊んだりした。広告代理店の会社員であることが大好きな男であった。1980年ぐらい、私が「これからのカメラは鉛筆になって、好きな絵や文章をカメラで描くようになるんだぜ」と酒場で話したら、「いただきます」と言って、ミノルタに提案して「カメラは鉛筆だ」(カメエン)という写真展を日本各地で実施した。

星健一は亡くなった。酒の飲みすぎだろう。noteに追悼文を書いた。しばらくしてから、せがれの星祐介から連絡があり、「追悼文を読みました。お会いしたい」と。私は多摩大学で毎週講義をしていたので「一度、授業を聞きにおいで」と伝えたが、当日、寝坊して来なかった。親父にそっくりである。その後、何度か会うことになり、彼の人生を聞いた。

彼は40歳ぐらいであるが、10年前から世界を放浪している。オーストラリア大陸の先住民アボリジニの金管楽器である「ディジュリ

P2P観光協会

ドゥ」と、スチール製の打楽器である「ハンドパン」を担いで、世界中で演奏をしている。路上の場合もあるし、高級ホテルに招かれてライブすることもある。また、インドでヨガを学び「ホシヨガ」の名前でヨガを教えてもいる。

インドでは、星祐介の「ディジュリドゥ」の演奏の下、多くのインド人が瞑想している動画を公開していた。

星祐介の話によると、世界中を放浪している日本人はものすごく多い、とのことだ。大道芸やアルバイトしながら世界中を回っている。留学する日本の学生が激減しているという話を聞いていたので意外だった。

「へえー、そうなんだ」と言うと「日本人は真面目で他人に迷惑かけないから、世界中、どこの国でもパスポートが取りやすいし、人々も好意的なんですよ」と。

ハーバード大学でMBAを目指す若者よりも、こうして世界を放浪して、個人と個人の関係を作っている若者の方が、これからの日本のために、どれだけ貢献しているか分からない。

雑誌ポンプの読者でニューヨークに長年暮らしている吉田実香に聞いた小話でこんなのがある。ニューヨークでいつもカリカリしていて他人に喧嘩ばかりふっかける男がいて、しばらく消えていて、再び現れたら、やけに温和な性格になっていて、周りの人間は驚いた。ある仲間が言った。「どうした、日本にでも旅行に行ってたのか」と。

単純な日本絶賛のコンテンツに与したくはないが、日本の価値と役割は、一人ひとりが、相手がどういう人間であれ、相手を尊重して、丁寧に付き合うというところにあるのではないか。それが発揮出来るのは、政府のバックアップによるクールジャパンではなく、一人ひとりの個人によってだろう。

企画提案書 20 - 5

国際

P2P観光協会

YouTubeを見ていると、他にも、たくさんの若い人たちが個人で国際交流をしている。

インドのムンバイでヴァイオリンの勉強をしているKOH（高松耕平）くんは、日本に来たインド人に突然ヒンディー語を喋りだして驚かせたり、インドの警察に連れていかれてヴァイオリンでインドのヒット音楽を演奏したりと、見ていて楽しい映像を配信している。すでにフォロワーは80万人を超えているので、この映像を見て笑顔になっている日本人やインド人がたくさんいるのだろう。旅する３人組「ちゃんちーとす」はスペイン語が話せて中南米地域の魅力をYouTubeで配信している。先日観た動画では、ウルグアイの「世界一貧しい大統領」ホセ・ムヒカ元大統領の自宅でインタビューを敢行するという凄いことをやってしまっている。日本から来た若者3人組に、ムヒカ大統領はマテ茶を飲みながらやさしく対応し、最後は「老いたら一人になるんじゃないよ」とアドバイスしてくれた。

こういうのを観ていると、日本で何もせずに若者批判している中高年を見て、情けなくなる。政治力でも軍事力でもなく個人のソフトパワーでやれることがたくさんあるのだと思う。

3. 日中友好カフェ

私の番頭役である鈴木太夢という男がいる。彼は東大ゴルフ部の副キャプテンをつとめ、住友電工に入社した。住友電工は、ネットワーク社会の光ファイバーケーブルを開発していて、光ファイバーの社会的普及を一年でも前倒しで出来れば会社に莫大な利益を生むので、そのための調査研究のために情報通信総合研究所に出向していた。そこで私の書いた記事を読み、連絡をくれて出会った。彼は、その後、自動車内の電線（ワイヤーハーネス）を扱う住友電装に移った。住友

企画提案書 20 - 6

P2P観光協会

国際

電装は、社員22万人を抱え、世界中で事業展開をしている。外国人学生の採用を任されていた鈴木は、人材開発部長として立命館アジア太平洋大学（APU）に頻繁に出向き、外国人学生を最大規模で採用していた。

10年以上前だが、鈴木が中国人の女子学生を私の事務所に連れてきた。それはとても可愛い子だった。中国からAPUに留学する学生はタイプが2種類あって、親が政府の幹部や裕福な実業家の場合と、家は貧しいが頭脳明晰で優秀な場合とがある。彼女は後者であった。

APUが成功した一因は、大分県の別府という巨大な温泉街があったことだろう。温泉旅館は週末やゴールデンウィークや夏休みなどのバケーションの期間に人手が足りなくなる。その期間だけのアルバイト要員として、APUの学生が雇用されるらしい。学生にとっても、毎日、勤めなければならない都会のバイトよりは都合がよいはずである。

彼女は優秀だけど、休みの間はバイトしているので、4年間日本に留学していても、一度も東京に来たことがない。卒業間近にはじめて東京に来るということで、鈴木が都内案内をして、私の事務所にも連れてきた。

そこで、彼女は私に企画をプレゼンした。それが「日中友好カフェ」という企画であった。当時から、日本と中国は険悪な雰囲気が漂っていた。ビジネス的には、日中両方とも相互扶助する関係として成長していたが、政治やネットの世界では、攻撃的な言辞があふれていた。

彼女はこう言った。「政治の世界やネットの世界では、どうしても、建前で語り合ってしまうので、争いが絶えません。でも、一人ひとりの中国人と日本人が語り合えば、本当の信頼関係が生まれるはずなんです。だけど、そういう場所も機会もない。私は日中友好のためのカフェを作って、日本人の若者と中国人の若者がおしゃべり出来るような場を作りたいんです」と。

素晴らしいプレゼンであった。プレゼンというのは、事業設計力でもタラレバの夢物語を語るものでもない。どれだけ、自分の企画に思いを込めて伝えられるか、だ。

その後、彼女は住友関係の会社に就職して、音信も途絶えたが、彼女の企画は、日中だけではなく、グローバルに行われるべきだと思っている。京都で未来フェスをやった時に、立命館大学の部屋を借りて、すこしだけその企画に沿ったことをやった。外国人留学生を集めて、その店では、「話しかけられたら断ってはいけない」というルールで、日本の学生たちと話し合った。

企画提案書

21

教育

無限教師
(Infinite teacher)

定期的に自分自身を
バージョンアップしないと
時代についていけないよ。

企画提案書 21 - 1

無限教師(Infinite teacher)

教育

企画趣旨

無限教師の特徴と私たちの目指すもの。

1. 映像コンテンツに頁概念を導入。

無限教師は、インターネット時代の新しい発想によるeラーニングシステムである。単なるリアルな講義を動画に撮影してネット配信をしても、ただでさえ退屈な授業を自宅の中で見て集中出来るわけがない。

短い講義動画とテストを組み合わせることにより、講義を理解した人だけが次の講義に進むことが出来る。

書籍という紙の本が「頁」という概念を発明し、見開き2頁を理解しないと、次の頁に進んでも意味が通じないのと同じである。通常の映像は、理解しなくても先に進んでしまうので、既存の多くのeラーニングシステムでは、よほど集中力を持たないと取り残されてしまう。

無限教師は、映像に「頁」の概念を導入したものだ。

2. 受験教育ではなく、人間・人物教育を。

せっかく開かれたインターネットの世界だから、旧来の受験教育やビジネススキルアップ講座などの領域に限定することはない。一人の個人が豊かな人生を過ごすために、多様な領域の、多様な講師と出会える教育コンテンツを提供していく。

3. フェイク情報あふれるインターネットに、匿名ではなく記名のついた情報を提供していく。

インターネットは、誰もが自由に意見や情報を世界全体に向けて

無限教師(Infinite teacher)

発信出来る、人類史上画期的な情報システムである。しかし、残念ながら、デマやフェイクの情報が溢れている。それらの多くは、匿名であったり当事者意識のないリツイートであったりする。そうした現状の上で、私たちは、専門家や独自に知識を蓄積した人たちによる、記名のある情報を教育システムの上で提供していきたい。そのためには、信頼のおける講師と、それをプロデュースする編集者の役割が重要だと認識している。

4. 専門家と参加型の両面からコンテンツを拡大していく。

専門家による信頼のおける情報提供と、参加型による新しい講師の発掘の両面を追求する。参加型の講師についてはYouTubeのモデルを活用し、誰もが自由に無限教師のシステムを使えるようにして、一定程度の受講者を獲得した講師を無限教師として認定する。

5. 世界向けのコンテンツを目指す。

先進国だけではなく、アジア・アフリカにおいても、急速にスマホの普及が進んでいる。そうした人たちに、無限教師は多国言語化の対応により、コンテンツを提供していく。

企画内容

無限教師の構造と制作マニュアル

無限教師は、講義とテストを組み合わせて、講義を理解したかを確認の上、次の講義に移る、ステップアップ方式のeラーニングである。

講義は「動画」「音声」「テキスト」「スライドショー」など、なんでも可能。講義のあとに「テスト」を行うので、1講義につき1テーマを基本にする。動画の場合は、1分以上3分以内にまとめる。

▼無限教師コンテンツの流れ。

1. 講義画面を作成
   ※テキスト、音声、動画などで作成。
   ※講座画面のサイズは、アスペクト比4:3。
2. テストを作成
   ※テストの回答形式は3択方式。
   ※通常のテキストで作成する。
3. 解説が必要な場合は解説画面を作成。
   ※テストが正解だったら、解説に進む。
4. 解説画面のところに、「次に進む」ボタンがあって、次の講義がはじまる。
5. テストが不合格の場合は、1に戻る。繰り返し。
6. 講義とテストと解説のセットで1セット。10セットで1講座となる。

★テスト問題は3択になるので、きちんと講義を学んでから答えれば正解になる。最初のテストで正解になると、ポイントが1点つく。不正解の場合は、もう一度、講義を見直してから再度のテストに挑む。2度目以降はポイントがつかない。テスト問題をクリアーすると、次の講義に移る。

企画提案書 21 - 4

無限教師(Infinite teacher)

教育

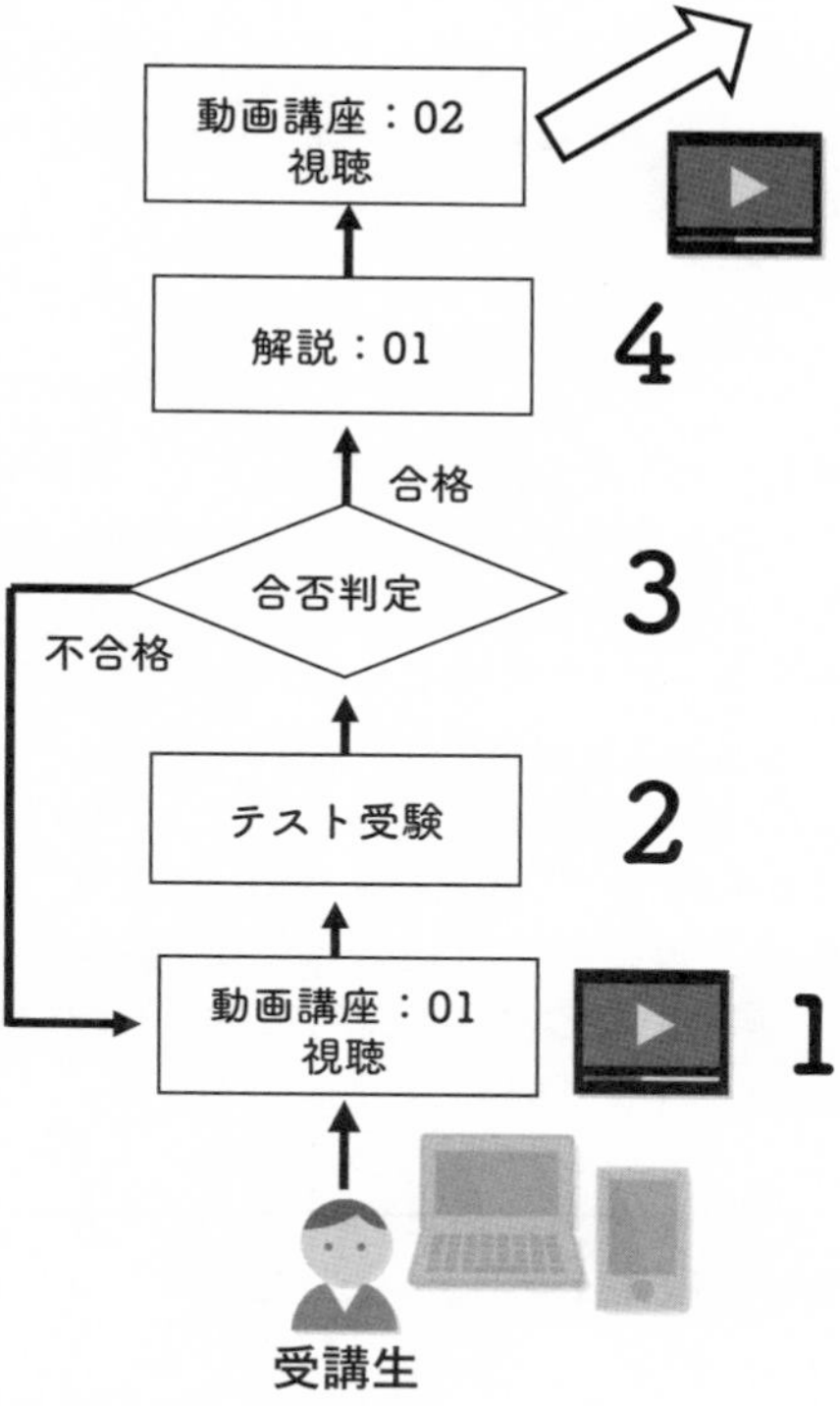

ビジネスモデル

無限教師は、持続的な発展を目指すために、以下の方法で収益構造の確立を目指す。

企画提案書 21 - 5

無限教師(Infinite teacher)

教育

1.受託事業

コンテンツを保有している団体・組織などに、無限教師を提案し、コンテンツを活かした、新しい広報活動、新しい収益構造などを目指す。業務的には受託事業となる。

例・出版社、美術館、業界団体、公官庁など。

受託金額－制作・運営コスト＝利益

2.提携事業

コンテンツを保有する団体・組織などと提携して、一般企業などへ無限教師の提案を行う。基本的には、企業における広報・広告・社会貢献などの提案になる。

受託金額－制作・運営コスト＝利益(提携団体・組織とシェア)

3.一般ユーザーからの課金事業

無限教師のジェネレーター(生成器)を作り、誰でもインターネット上で講師になれる構造を提供する。最初は、講師になるのも受講するのも無料になる。その上で、一定程度の受講生を獲得できた講師については、ユーザー課金システムを提供し、有料の無限教師を実施する。課金料金から規定の講師料を講師に支払う。

課金売上－運営コスト＝利益(講師とシェア)

無限教師プロジェクトのご案内

無限教師についてのお問い合わせ・ご相談

株式会社プロジェクトクリック内

「無限教師プロジェクト」(担当・八木)

本社/福岡市中央区大名2-2-2 後藤ビル405

企画提案書

22

教育

「みんなで育てる学びの場」共同機構

無農薬野菜だけではない。
無農薬教育というものを
考える時期だ。

企画提案書 22-1

「みんなで育てる学びの場」共同機構

教育

企画趣旨

近代社会を支えてきた教育システムが大きく変わろうとしている。教育の歴史は教育手法の開発の歴史でもある。主体性を育てるシュタイナー教育や、自発的に感性を身につけさせるためのリトミック教育など歴史のあるものも多い。

固定的な教室ではなく、移動教室や山村留学なども盛んになり、都市と田舎で田舎の学校を交互に利用するデュアルスクールも徳島県で行われている。

アメリカのミネルバ大学は、4ヶ月単位で世界中の都市に移動して、大学で学習と同時に、さまざまな地域での生活体験を通して真のグローバル人材を育成しようとする試みである。

そうした流れの中で、日本でも、さまざまな試みが追求されている。注目する流れは、学年や能力で分断する教育環境ではなく、多様な世代が一つの場で学ぶ教育手法である。

そうした活動を推進しているグループのネットワークを提案する。

企画内容

1. 全国各地に広がる、新しい「学びの場」づくりムーブメントの連絡機構を作る。

2. 教育に関する情報共有や、資材の共同購入を行う。

3. 行政などの交渉も、連絡機構が代表して行う。

4. 日本各地を渡り歩いて子どもたちに学習指導を行う「流れの講師」のネットワークを共同運営する。

5. それぞれの場から、推薦された子どもたちによる、「子ども未来フェス」「子どもZoom未来フェス」を実施する。

6. 新規に、教育の場作りを実施したい、地方行政、企業、個人へのサポートを行う。

企画背景

近代は社会コンセプトそのものが合理的で効率を求めるものであったから、教育システムもそのようにシステム化されてきた。子どもたちは年代別に幼児教育、学年教育、高等教育と分化され、それぞれの年代に最適化された教育メソッドが提供された。

子どもたちは、同じ学年の同じクラスの子たちとしか交流しなくなり、中学に入ってクラブ活動に入ると、そこには縦型の封建主義が残っていて、面食らったまま辞めてしまう子が増えた。

地域のコミュニティが成立していた時代は、地域ごとに「ガキ大将グループ」があって、地域の年長者が年少の子どもたちに、遊びを教えたり、年齢の違う子たちとの付き合い方などを教えてくれた。しかし、近代化はそうした地域を解体し、子どもたちを家や部屋に閉じ込めていく。

そうした近代の方法論を抜けたところで、孤立しない教育環境を作ろうとする動きが広がっている。

◇こども芸術大学

2005年に開講した、京都芸術大学（旧・京都造形芸術大学）の「こども芸術大学」は、2020年度から「認可保育園こども芸術大学」に引き継がれることになった。

企画提案書 22 - 3

「みんなで育てる学びの場」共同機構

教育

「こども芸術大学」の校長の田中洋一さんとは、父上にもお世話になったこともあり、80年代からの古い友人である。彼の案内で見学をしたことがあるが、そこは「子どもと親（母親か父親）と先生」が、同じ時間と空間で学ぶところであった。一日の生活は、以下のようになっている。

・遊びの時間（自由遊び）
・対話の時間（体操、朝の会、遊びの会議、みんなで遊ぶ）
・お昼
・午後の遊びの時間（自由遊び、振返り、掃除、発表の時間、帰りの会）

親は子どもを学校や施設に預けたら、あとは外から見守るしかなかったが、ここでは、たくさんの親たちが、たくさんの子どもたちと一緒に学んだり遊んだりするのである。そこから学べるものは、子どもたちだけではなく、親にとっても貴重なものであるはずだ。

◇株式会社アイム

佐藤典雅（通称・シュガー）は、型破りな人である。子ども時代の大半をアメリカで暮らし宗教に染まった青春を送る。そこから、自らの力で脱出し、反動でダイナミックなビジネスとエンタメの世界に飛び込む。東京ガールズコレクションの立ち上げプロデューサーである。

その彼の子どもが3歳の時に自閉症と診断され、アメリカに移住し療育プログラムを受ける。そして日本にそうした施設がないことに不満を持ち、自ら放課後デイサービスの事業を起こす。

その事業を立ち上げる時に、私のところに相談に来たので、「京都に行って、子ども芸術大学を見学してきたら」とアドバイスをした。

そこでシュガーは感じるところがあったらしい。2014年に株式会社アイムを立ち上げて、これまでにはない放課後デイサービス事業を開始した。そこから半年で神奈川県の「かながわ福祉サービス大賞の特別賞」を受賞して、毎年の如く表彰されている。

展開の速度も速く、まだ開設6年だと言うのに、以下の施設を展開している。

★放課後デイ
　アインシュタイン放課後 宮前平
　エジソン放課後 高津
　モーツアルト放課後 新百合
　ダヴィンチ放課後 武蔵小杉
★高等学校
　ノーベル高等学院
★グループホーム
　アイムホーム 稲田堤
★生活介護
　ピカソカレッジ

シュガーの運営する施設は、これまでの暗く寂しいイメージの施設ではなく、めちゃくちゃPOPで明るい空間である。しかも、働いている女性たちが生き生きと輝いている。どういうことかというと、そこで働いている人たちは、自分の子どもが自閉症になって相談に来たお母さんで、シュガーが口説いて働いてもらってる人が多いのだ。自閉症児を持つ母親だから理解出来ることがたくさんあり、それが施設運営の大きな個性になっている。まさに、参加型の施設なのである。

シュガー自身が、自分の子どものために作った施設であり、子どもの成長に合わせて、高校まで作ってしまった。彼は、ある時、こういう話をしてくれた。

「橘川さん、分かりました。自閉症児に一番効果的な薬は、母親の笑顔なんです」と。だから、シュガーの施設では、母親が喜ぶようなイベントをたくさんやっている。一流のネイルアーティストを連れてきてネイルアートのレッスンをしたり、長年の交流で築いた人脈で、普通ではないイベントを仕掛けている。そのイベントに参加する母親の笑顔が、その施設に通う子どもたちにとっては、一番の喜びであろう。

アイムの設立メッセージは以下である。

「障害は『かわいそう』ではなく、その子の特性、個性です！『全ての個性にハッピーを』というテーマのもと、放課後デイサービスの『アイム放課後』を設立しました！どんな子どもも『I am！』と胸を張れる世の中を目指しています！教室ごとにテーマを変えて、大人もわくわくする空間です！」

◇PaKT company合同会社

京都に、PaKT（パクト）という松榮秀士くんが2010年に立ち上げた学習塾がある。この塾は、子どもたちが通って学習するのだが、そのそばが、大学生たちのたまり場にもなっていて、わいわいとおしゃべりしている。子どもたちは、ただ教科書の内容を覚えろと言われるだけで、今学ぶことが、将来どういう役に立つのかは分からない。しかし、勉強しているそばで、年の離れた大学生の人たちが、環境問題や最近読んだ本の話をしている。自然と、今の社会のテーマや問題意識が耳に入ってきて、学ぶ目的をそれぞれの子が見つけていくという発想だ。

2013年に、私が京都で未来フェスをやった時に、PaKTに関心を持って塾に寄ってみた。そこは、まるで大学生の下宿のような空間で、そこで子どもたちが勉強している。失われた地域コミュニティが、こういう形で復活するのかと納得したことがある。

◇合同会社なんかしたい

「合同会社なんかしたい」という不思議な名前の組織は、PaKTを松榮くんと一緒に運営してた清水大樹くんが2019年に開始した新しい教育事業である。立ち上げに際して、クラウドファンディングで施設改造の資金を募集したところ、250万円ほどの支援が集まった。

2019年の京都・未来フェスは、運営を清水くんに依頼したが、素晴らしいものとなった。特に、学習塾の子どもたちに、自分たちのテーマや未来について語ってもらったのだが、誰もが生き生きとしていた。

こうした、これまでの教育の発想を超えて、「学ぶ環境」を作ることをテーマにする若者たちが、どんどん分裂しながら拡大していくだろう。中央から指示されたグランドデザインではなく、現場の方から新しい場作りが開始している。こうしたムーブメントだけが、日本の教育を変え、社会を変えていくのだと思う。

◇熱中小学校

アメリカから輸入された「TEDx」のような、ユニークな人材によるプレゼンテーション・イベントは日本各地に広がっている。また日本独自に開発されて、地域の廃校を使って社会人教育を行う「熱中小学校」の動きが活発化している。いずれも政府や教育産業の事業ではなく、地域や個人の思いからスタートした自発的で、参加型のムーブメントである。

熱中小学校は、日本アイ・ビー・エムの常務だった堀田一芙さんが仕掛けたプロジェクトで、地方創生交付金の支援を受けながら展開する「大人の社会塾」。講師に呼ばれると、交通費と宿泊費は負担してくれるが、講師料は基本的に出ない。しかし、各地域の熱中小学校のスタッフが、報酬以上に歓待してくれて、地域の案内や食事に誘ってくれる。報酬は出ないが、逆に、報酬だけの仕事ではない講義内容と、生徒たちとの交流が生まれる。

一番新しい熱中小学校は、2020年の4月に開校した北海道の江丹別分校で、校長は浅田一憲くん、若い伊勢昇平くんが用務員をやっている。全国15校目の学校は、交付金を受け取らず、すべて自前で運営し、江丹別という日本で有数の寒冷地を「世界一の村」にすると宣言している。浅田くんは、インターネットの創世記に、MN128(ルーター)の開発を手掛け、その後、北海道大学医学部、慶應義塾大学大学院メディアデザイン研究科に学んだ逸材であり、新しい教育と人的ネットワークを作っていくことだろうと期待している。

企画提案書

23

教育

リーフラス型スクール

誰と一緒に生きていくかを
確かめるために
コミュニティがある。

企画提案書 23 - 1

リーフラス型スクール

教育

企画趣旨

地域には、さまざまな課題が山積している。あらゆる問題を解決するのは「人」である。人材育成こそが、最大の地域問題解決の道である。

国や地方行政の予算に頼らない自立したソーシャルビジネスの組織体にしないかぎり、新しく作った組織が、新しい問題になってしまう。

リーフラスという企業のモデルを応用しながら、地域にソーシャルビジネスを立ち上げるべきであろう。

企画内容

1. 地域単位にソーシャルビジネス・スクール事業部を設置する。
2. テーマは自由。「英語教室」「料理教室」「コンピュータ教室」「各種資格取得教室」「アート教室」「音楽教室」など。
3. 地域の中で、講師が出来る人を募集する。審査の上、講師として登録する。
4. 講師を公開し、生徒を募集する。
5. 定員が集まった教室を開講する。
6. 生徒から参加費を徴収し、事業部と講師とで配分する。
7. 日本各地の事業部と連携して、運営ノウハウを共有する。

企画提案書 23 - 2

リーフラス型スクール

教育

企画背景

リーフラス株式会社という2001年に創業した子どもスポーツスクールがある。サッカー、野球を中心に、空手、バレーボール、剣道、テニスなど多様なスポーツの教室を全国で展開している。2020年現在、会員数は47,000人に達している日本最大のスポーツ・スクールである。

社長の伊藤清隆さんとは創業の頃からのお付き合いで、顧問をやらせていただいている。事業を推進するにあたって伊藤さんの凄いところは、通常は施設とか広告とかいった外側の格好をつけるところに資本を投資するものだが、人材投資に集中したところだ。まだ事業の先行きが分からないうちから、毎年、20名以上の大学新卒採用を行っていた。最近は毎年100人規模で採用し、従業員数は正社員だけで700名に達した。大半は、学生時代にスポーツにうちこんだ学生たちである。

一般的な企業も体育会系の学生を欲しがるところは多い。それは、体育会で育った人間は、上意下達が徹底していて上司のいうことは理不尽なことでも素直に実行し、体力もあり、忍耐強いというイメージがあるからだろう。確かにスポーツは肉体的にも精神的にも厳しい課題に挑戦していくものであるから何もしなかった人間よりは鍛えられているだろう。しかし、一般的な企業はそうした経験をビジネスの場でも要求し、体育会系の社員に過酷な要求をすることが多い。ひどい場合には、アポなしの営業部隊として成果報酬で使い捨てようとするブラック企業も存在する。

リーフラスの伊藤社長は、そういう風潮とは一線を画す。もともと自分が学生の時にスポーツにうちこんでいたが、不条理な部活

企画提案書 23 - 3

リーフラス型スクール

教育

動のいじめにあったことがあり、旧来型の体育会マインドではなく、スポーツを愛し楽しんできた人を採用する。初期の頃の採用現場を知っているのだが、面接で「私は体育会で鍛えられたので根性だけは人一倍あります」と自慢気に語る学生は、全部、不採用にした。

リーフラスのスポーツ教室のテーマは「怒鳴らない、暴言を吐かない」である。今ではかなり普及してきた考えだが、創業当時は、大半のスポーツ教室は、指導者が「怒鳴りまくり、暴言を吐きまくり、鉄拳制裁が当たり前」の世界だったのである。なぜなら、そうやってスポーツを学んできた者が指導者になっていたからである。

伊藤さんは、スポーツを愛する若者をどんどん採用して、地域に配置し、一人のインストラクターが100人の子どもたちの会員を集める方式をとった。100人が7,000円の月謝を払うと毎月70万円の売上になる。施設は公園や学校の校庭を借りる。1教室あたりでは大きな利益は生まないが、一人のインストラクターの給料と営業管理費には充分である。そうやって、全国各地に小さいスポーツスクールを展開し、全体では年間55億円の売上に達した。

かつて、伊藤さんが言ったことがある。「橘川さん、うちは、会社が潰れても社員は困らないんですよ。自分たちで、スクールやれば生きていけるから」と。そうやって大きく育ったリーフラスは、大手のプロ野球球団やサッカーチームとも提携し、スケール・メリットによる展開も開始している。

日本には、さまざまなテーマを持ったNPOや社会支援団体が存在する。しかし、多くのそうした組織の資金源は、国や地方行政の予算であったり、寄付や助成の資金に頼っている。資金的に、自立した組織にしない限り、永続性は望めないだろうし、活動も制限されるだろう。

企画提案書 23 - 4

リーフラス型スクール

教育

リーフラスは、スポーツスクール・ビジネスで自立した組織運動体を確立して、子どもたちの肉体と心身の健康をサポートする事業を行っている。また、中学校の、いわゆる「ブラック部活問題」（古い体質の部活動で子どもたちがケガをしたり精神的に追い詰められている問題。また指導する先生の荷重労働も大きな問題である）にも積極的に、外部から学校への支援活動を行っている。

リーフラスは、地域に根ざしたソーシャル・ビジネスの、ひとつのモデルとして考えるべきであろう。

企画提案書

24

教育

コンセプトバンク

友だちの友だちは
赤の他人に決まってる。
一対一の関係を
なめないように。

コンセプトバンク

教育

企画趣旨

ネットワークの時代だと言われているが、ただ名刺を集めて名簿を作るだけでは仕方がない。量より質の時代になると、名刺の分量よりも、どれだけ多様な人との密度の濃い関係性を作るかが大事になる。

コンセプトバンクは、単なる量的拡大を目指したキーマン・ネットワークではなく、1対1の関係性に従った、有機的な人材パンクである。

企画内容

1. 一人の人間(A)がセンターになって、友人関係を組織化する。
2. (A)の友人(B)はメンバーになれるが、友人(B)の友人(C)はメンバーになれない。
3. 友人(B)が友人(C)をメンバーにしたい時は、友人(B)がセンターになって、新たなネットワークを作らなければならない。
4. (A)が友人(C)に連絡を取りたい時は、友人(B)を介して行う。
5. (A)が友人(C)との関係を築いて友人となったら、(A)のネットワークのメンバーにもなれる。

企画背景

コンセプトバンク(CB)は、私が1990年に開始した人材ネットワークである。70年代、80年代と、私は、ひたすら人間関係の出会いと

企画提案書 24 - 2

コンセプトバンク

教育

構築のためだけに生きてきた。ある業界、ある領域の人脈を掘り下げるということではなく、よりメタな視点で、多様な人間と交流してきた。

それは私が「参加型メディア」を20代でやってきたという体験の意味が大きい。ロッキング・オンはロック雑誌であったが、音楽のことだけではなく「時代を語る」ということに私は重点を置いていたので、読んで手紙をくれた人も音楽だけに関心を持つ人ではなかった。「ポンプ」は全面参加型なので、あらゆるテーマでの投稿が集まった。そういう人たちと交流してきたので、地域や学校や会社という普通の人が作る人脈とは、全く違うチャネルで、多様な人間関係を築いてきた。

1990年に、そうした関係性をつなげるために、コンセプト・バンクを設立し、草の根BBSである「CB-net」を自分の事務所のPC98で立ち上げ、オンラインのネットワークを開始した。

「CB-net」は、今考えてみても、現在のインターネットで行われているサービスの大半の原型をテストしていた。90年というまだインターネットが登場する前夜であったので、そこに参加してくれた数百人のメンバーは、いずれも感度の良い人ばかりで、充実したオンライン・コミュニティを創出した。編集者やマーケッターが多かったのも特徴である。

「CB-net」は、その後、台頭してきたNIFTY-Serveの「FMEDIA」(メディアマン・フォーラム)のシスオペに私がなって、停止した。膨大なテキストのログだけが残った。

FMEDIAでは、田口ランディや深水英一郎を巻き込み、インターネットの時代へとつながっていく。コンセプト・バンクは一時、活動を休止していたが、最近、人脈を整理する必要があり、再び復活した。

企画提案書 24 - 3

コンセプトバンク

教育

■コンセプト・バンクのネットワーク組織論

通常の組織やネットワークは、中心に事務局があり、そこを起点として同心円状に広がるか、ピラミッド型にヒエラルキーとして下層に広がっていく。いわゆるクライアント・サーバー型(C/S)で、サーバーがすべての情報を管理する。

パソコン通信をやっていた時に感じたのが、C/Sの方式だと、サーバーにコミュニティの生殺与奪の権利が集中する。そこでかわされるすべてのメールの内容は読めてしまうし、いきなりサーバーをダウンさせて、コミュニティを崩壊させることも出来るのだ。

電子メールという言葉から、メールは手紙だと思っている人もいるが、メールは手紙ではなくて葉書である。葉書だから、郵便局の局員や配達員は、読もうと思えば読めてしまうのである。セキュリティをかけたメールでない限り、電子メールは、サーバー管理者が読めてしまう。そのセキュリティですら完全なものはない。電子上で行われる行為に「秘密」はないのである。それがインターネットの本質の一つである「可視化」ということでもある。

パソコン通信時代に、あるホストサーバー管理者が、コミュニティ参加者の女性から男性にあてたラブレターを読んで嫉妬して、ラブレターの中身を「あなたとはもう会いたくない」という内容に改変した事件があった。この構造は、C/Sである限り変わらない。サーバー管理者の上位に国家が存在するのである。

そうしたC/Sに対抗して登場してきたのがP2Pの考え方と技術である。自分のパソコンが全体にとってのサーバーになるという考え方である。その流れの中で2016年に、「脱中央集権型」の電子コミュニティである「マストドン(Mastodon)」というブログシステムが登場した。

コンセプト・バンクは2013年に再スタートしたが、考え方はマストドンに似ていて、複数の中心を持つコミュニティである。

■現状

私のコミュティであるコンセプト・バンク（CBG48）は120人くらいのキーマンが登録されていて、個別に、さまざまなプロジェクトや議論を進めている。

CBG48というのは、坂道グループをもじって「コンセプト・バンク学芸大学」からとっている。他にも、さまざまな地域やテーマで、独立したコンセプト・バンクがあるが、現状は、活動停止中である。

CBG48・メンバー一覧

青山一郎　株式会社ペーパーメディア研究所 代表取締役
安藤　聡　編集者／晶文社
池江俊博　株式会社ノーザンライツ 代表取締役
石塚しのぶ　ダイナ・サーチ 代表
石村源生　情報経営イノベーション専門職大学 教授
伊藤伸平　トラベルライター&エディター
大野誠一 ライフシフト・ジャパン株式会社 代表取締役CEO
加藤清司　株式会社イスラテック 代表取締役／JIC JAPAN 代表
河村智行　五感・ダイアログCAMP／よるの森のハイキング主催
北田秀司　株式会社空 代表取締役／株式会社 EVAN 代表取締役
熊野英介　アミタホールディングス株式会社 代表取締役会長兼社長

企画提案書 24 - 5

コンセプトバンク

教育

公文俊平　多摩大学情報社会学研究所所

境　真良　国際大学GLOCOM 客員研究員、経済産業省分析官

四方智治　学校法人情報文化学園 アーツカレッジヨコハマ 校長

濱田逸郎　元・江戸川大学 メディアコミュニケーション学部教授

島根義夫　島根歯科医院 院長　歯学博士

鈴木崇弘　城西国際大学大学院・国際アドミニストレーション研究科長・特任教授

鈴木敏行　有限会社テレライフデザイン研究所

妹尾みえ　ライター・編集者

妹尾泰隆　クリエイター/ディレクター/デザイナー

高橋　朗　有限会社無敵ブランド代表取締役

高橋信之　サイバーダイン株式会社 代表取締役

高橋理人　株式会社hbip 代表取締役

田口ランディ　小説家

田中敏恵 エディトリアル・ディレクター／文筆家

筒井文彦　飯田市 市長公室 広報情報課 ／情報政策係長

鳴川正一　株式会社ケルセン 取締役

原　英史　株式会社政策工房代表取締役

ビュー　漫画家

枌　大輔　株式会社コレゾ　代表取締役

前田比良聖　武道家／ＮＰＯ武道和良久　代表理事

松岡　昇　放送作家

宮谷　大　株式会社メディアブレスト代表取締役

最中義裕　ウェブサイト「真崎守図書館」管理人

山岡義卓　神奈川大学 経営学部 国際経営学科 准教授

山崎潤一郎　有限会社インサイドアウト 代表取締役

企画提案書 24 - 6

コンセプトバンク

教育

山田さとみ　株式会社　マネジメント・アソシエイツ代表取締役
山田スイッチ　コラムニスト兼ゆるキャラ
横村友紀　株式会社 机上の空論 代表
横山隆之　アップフロンティア株式会社 代表取締役社長
吉田和夫　一般社団法人教育デザイン研究所 代表理事／玉川大学
芳村正徳　桜神宮宮司
和気　優　農民ロッカー
渡邊修一　構成作家／コピーライター／旅館経営

その他のメンバーは、サイトでご覧ください。

コンセプトバンク・サイト
http://www.conceptbank.jp/ggd%e2%88%9e/

企画提案書

25

教育

オンライン
ODECO

メディアが人を育て、
しっかり育てられた人が
新しいメディアを生み出す。

企画提案書 25 - 1

オンラインODECO

教育

企画趣旨

価値観の多様化する社会において、中央で決めた方針ですべてを統一することは出来ない。それぞれの地域、それぞれのクラスターにおいての必要性に応じた教育メソッドや講師派遣を行う必要がある。

企画内容

1. オンラインODECO（オンデマンド型教育メソッド提供システム）をWebとして公開する。

2. 教育メソッドを提供する企業・団体・個人は、審査の上、オンラインODECOにメニューとして登録される。

3. 内容は公序良俗に反しないもので、特定の宗教や政治にとらわれていないものとする。

4. 受講は学校や団体単位のものと、個人で受講するものがある。

5. 教育メソッドの内容は、基礎学習から高等教育までの学力向上のためのものから、語学教育、資格取得やカルチャーセンター的なものまで、多様なものを受け付け、利用者は検索の上、受講したい教育メソッドを選択する。

6. 企業が教育CSRとして提供する教育メソッドも受け付ける。

7. 教育メソッドについては、有償のものと無償のものがある。

8、幼児教育から高等教育、社会人教育、生涯教育まで、すべての年齢に対応した教育プラットホームになる。

企画提案書 25 - 2

オンラインODECO

教育

企画背景

ODECO（オンデマンド型教育コンテンツ・プラットホーム）は、平成18年度（2006年）、19年度（2007）年に文部科学省の新教育システム開発プログラムに採択された事業だ。

文科省が中央で採択した教科書やメソッドを全国一律に提供する方式は、戦後初期には効果的だったが、社会が成熟し多様化していく中で、その方式だけではさまざまな矛盾が出てきている。

例えば、ある学校で不登校が増えるとする。しかし、隣の学校ではそういう問題は起きていない。これまでの中央が全体を管理する方法であれば、全国一律に不登校対策を行わなければいけなかった。予算的にも膨大になり、対策も一般的になりかねない。そうした場合、プラットホームにいる、不登校対策を行っているNPOのメンバーに「不登校生への対応」をレクチャーしてもらう。不登校生と日々付き合っているNPOの人たちは、「絶対に言ってはいけない言葉」とか「こういう時にこういう態度で接するのがよい」という現場でしか分からない対応ノウハウを持っている。そうした現場の知見を、不登校が続発している学校の先生が、プラットホームでリクエストしてくれれば、出前授業で派遣する、という方式である。

以下は、文部科学省への提案資料である。

■現状と課題

戦後社会は、物質的な豊かさを求め、大量生産・大量消費の方法論を持って「豊かな社会」を実現させた。教育も、こうした時代的方法論に則した形で、文科省を中心とした全国一律の教育システムを

オンラインODECO

完成させ、時代の要求に応えた。

しかし「豊かな社会以後」の社会になると、こうした画一的な教育システムでは、多様な個性を必要とする社会要請には応えられない。またコンピュータの発達などにより新しい教育システムが登場してきたが、全国一律にバラまく従来手法では効果の面および財政の面で問題がある。最適なソリューションを最適な現場へ導入する方法論が望まれている。

当該企画は、「学校力を強化し、教育力を強化する」という中央教育審議会の答申に則り、個別の学校側が主体的に教育システムや教育プログラムを導入出来るような"支援装置"を設置することに主たる狙いがある。

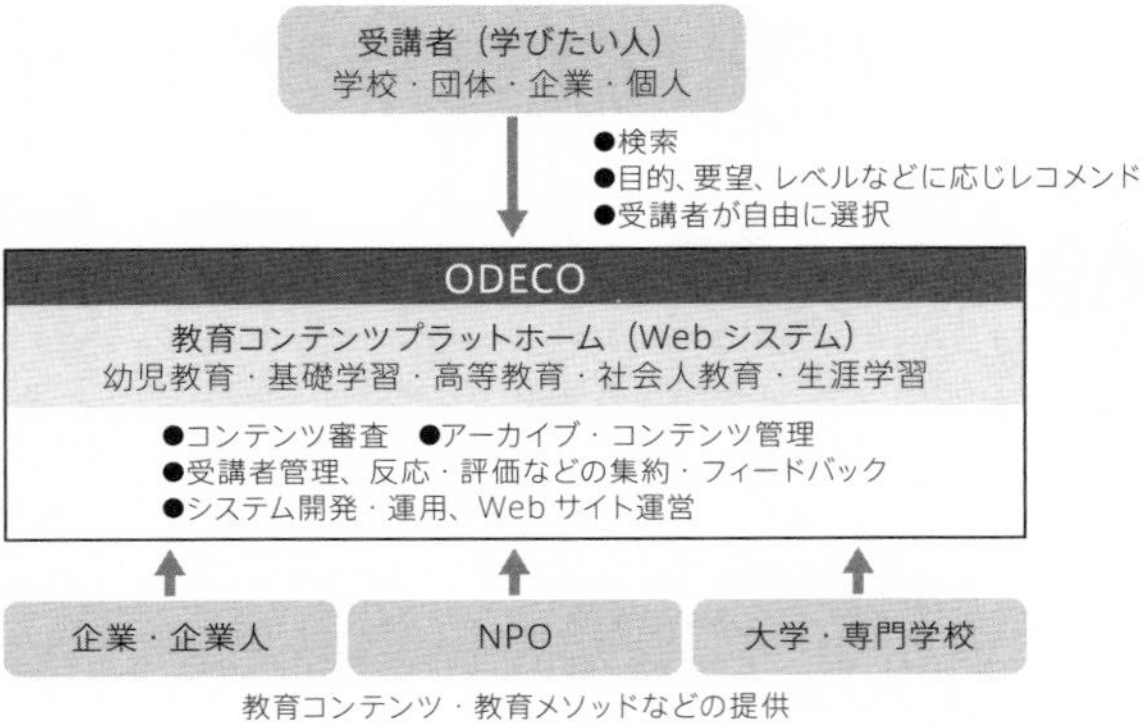

■成果の活用

「オンデマンド型教育コンテンツ・プラットホーム」を社会装置と

して定着させることで、以下のように研究成果を活用したい。

(1)学校における成果活用

◇ 学校現場の先生が、自主的に自校の教育プログラムを選定・運用することで、学校運営の自主性と責任の自覚を促す。

◇ 当該プラットホームで確かめたプログラムを導入希望する場合は、学校単位で校長名義により利用申請していただくルールとする。このことにより、校長の役割・権限を高め、学校が一体となって新しい教育プログラムの導入に取り組むことを促す。こうした状況を体現させることで、教育現場が活性化すると思われる。

(2)コンテンツ提供者における成果活用

当該プラットホームが実現することにより、これまで教育システムに縁が薄かった一般の大企業・ベンチャー企業・民間団体などでも、学校教育プログラムの提供に容易に参画できる状況が生まれる。より広範囲な領域へ積極的に広報活動を進め、参画者を拡大することが、良質な教育プログラムの発掘と発展に繋がると考えられる。

また、学校現場の中で教師が独自に開発した教育プログラムは、当該プラットホームで公開して他校への普及を促進することが可能になる。さらに、教師と外部企業とのジョイントなども斡旋する。こうした教師の研究活動の奨励・評価が、教育者全体の研究意欲を増進させると思われる。

文部科学省における成果活用

◇ 新規性のある教育プログラム及び教育に関心の高いさまざまな

領域の人材ネットワークを確保出来る。

◇ 登録する提案に対するガイドラインを整備することにより、検定システム、認証システムに発展することが出来る。義務教育における安定的な教育プログラムを選定・提供出来る体制を築くことが出来る。

●実績

2006年

全国97校がODECO教育プログラムを選択導入し、生徒・教師・父兄ら、8,138名が利用！

2007年

全国で71校がODECO教育プログラムを選択導入し、生徒・教師・父兄ら7,667名が参加！

実施した当時は、まだ学校にパソコンが導入されていなくて、全国の小中学校にチラシを送ったり、FAXで受け付ける状態であったが、実に日本にはたくさんの学校が存在していて、すべての先生とは言わないが、少数の、本気で子どもたちの成長と付き合っている先生が存在することを知った。

コロナ渦による、オンライン教育の普及が加速している状況は、個別の教育産業がバラバラにオンライン教育メソッドを提供するのではなく、プラットホームの上に、多様に教育メソッドが並び、受講する側が選択する方式になるべきだと思う。

企画提案書

26

未来フェス

記憶の未来フェス

懐かしさの中に
進むべき未来がある。

企画提案書 26 - 1

記憶の未来フェス

未来フェス

企画趣旨

インターネットは1995年くらいから世界的に普及したが、そこまでに人生の仕事を推進してきた世代は、その後に発展したインターネット状況からはスポイルされている人が多い。大企業の人であれば、業務の中でパソコンの利用が増大したが、中小企業や商店の人たちは、趣味的に楽しむ人以外は必要がなかっただろう。その結果、デジタル・デバイドという、ITリテラシーに大きな世代間格差がうまれている。

しかし20代の人も60代の人も、人類史から見ればほんの一瞬だが、生きている私たちにとっては同時代を生きる奇跡的な仲間である。インターネットに触れていない高齢者の記憶を若い世代が記録し、インターネット上のアーカイブとして世界で共有する必要があると思う。

企画内容

◇地域単位で「記憶の銀行・未来フェス」を企画する。地域での実行責任者を募集する。

◇60歳以上の高齢者に限り登壇出来る未来フェスを実施する。

◇登壇者は一人10分「自分の人生」を語る。

◇1時間5人として、2時間10人、3時間15人となる。実施時間などは、各地域の実行責任者が決定。

◇「地域別」の他に、「学校」「企業」「サークル」など、歴史のある組織・団体による、「記憶の未来フェス」も実施可能。

記憶の未来フェス

▼アウトプット

※登壇された方の映像コンテンツは、編集の上、5分程度の映像にして「記憶の銀行」(本部・イタリア)に収録される。

※個別の登壇者の方で希望があれば、専門インタビューアーと映像制作者で、ロングインタビューを行い、自分史動画にしたり、テキスト化して、自分史の書籍にすることも可能。

企画背景

(1)誰もが思うことを、誰よりも先に。

インターネットでは、世界中の個人が考えたアイデアが、無数にシステムやサービスとして誕生している。これまでのメディアの世界であれば「誰も考えなかったことを考えたり、発明したり、発見した者」が評価され、そのアイデアを元にしてビジネスが展開した。

しかし、すでに多くの人が「つながりっぱなし」の世界であるインターネットには、そうした近代までの天才は登場しないし、不要である。インターネットの本質は、個人が発見したことを共有しシェアしていくことに価値があるのだから、誰も考えられない孤高の思想も、人智を超えたアイデアも不要である。

インターネットでビジネスとして成功した者は「誰もが必要と思っていることを、誰よりも早く実現した人」である。検索エンジンは、特別な人しか考えられないことではなく、誰もが利便性を思いつくアイデアである。しかし、それを誰よりも早くシステムを提供したヤフーやGoogleが、世界に認められたのである。動画で情報を提供するYouTubeも、ネットで商品を販売したり、レシピやレストランの情報を集めて提供する企画も特別な才能はいらない。ただ、いかに誰よりも早くスタートして、誰よりも多くユーザーを獲得するかである。

そして、インターネットでは、GAFAのように世界で巨大なシェアを握ることだけが、価値のあることではない。ユーザー数の拡大は大事であるが、それだけしか見ていないと、近代の「量の幻想」に囚われてしまう。「量」とともに「質」の多様な追求が必要なのだと思う。

(2)「記憶の銀行」というアーカイブ

世界中で、すさまじい勢いで、インターネットを使った新しい社会システムや、アプリケーションや、コンテンツWebが誕生している。短期で終了してしまうものが多いが、中にはじっくりと子どもを育てるように、しっかりと根づいて、ゆっくり広がっていくコンテンツもある。

イタリアに、「記憶の銀行」(the bank of memories)という、動画と音声の投稿サイトがある。このサイトのメッセージは「インターネットは若者の文化である。だからこそ、若者たちに、年寄りたちの経験を伝えていくべきだ」というものである。投稿資格は、60歳以上の高齢者で、自分の若い頃の体験を動画か音声で投稿して、共有するというものだ。誰もが考えそうなことをいち早くスタートしている。

若者たちは、自分でコンテンツを作ってインターネット上に投稿していくが、そうはいかない高齢者も多い。貴重な体験を世界で共有していこうとするものだ。

現在、世界で14カ国に支部があって、それぞれの国の高齢者たちの体験を記録している。例えば「自転車」というテーマで各国の高齢者が語ると、ある国の人は、「若い時に、牛乳配達の仕事をしていて、そこで妻と出会った」というような話をしたり、別の国の人は「戦争が終わって、何十キロの道を自転車で逃げるように帰国した」というようなことを語るという具合だ。

日本では、特定非営利活動法人MEMORO「記憶の銀行」(代表・長島光男)が提携して、活動している。長島さんとは、一般社団法人自分史活用推進協議会(代表理事・河野初江)のイベント「自分史まつり2019」でパネラー同士ということで出会った。長島さんは、長年映像制作の会社をやりながら、記憶の銀行に出会い、日本でNPOを立ち上げ、日本の高齢者たちの動画を集積している。

イタリアでは、定年退職者たちに動画インタビューを行い、アーカイブしている大企業もあるそうだ。自分たちの企業の歴史の基盤を作った人たちの体験を、現役やこれから就職してくる若者たちに知ってもらうことは、これからの社会においても大切なことだ。

▼「記憶の銀行」(日本版)
http://www.memoro.org/jp-jp/

(3)むかし・ミライプロジェクト

鴨志田由貴くん(作戦本部株式会社 代表取締役)は、伊豆大島町と組んで、地域の高齢者の写真アルバムなどをデジタル化して、地域の共有財産としてアーカイブするプロジェクトを推進している。

このように、自分のことだけをデータ化してインターネットに掲載するだけではなく、自分の周辺の人たちの情報を共有化するプロジェクトは、今後、大きな流れになるだろう。

企画提案書

27

未来フェス

Heart Party

目の前の人には伝えたいが
顔の見えない遠くの人には
伝えたくない言葉がある。

企画提案書 27 - 1

Heart Party

未来フェス

企画趣旨

まだパソコンの姿も見えていなかった1970年代に、紙の印刷媒体を使った参加型メディアを私は追求してきた。しかし、紙に印刷するということの限界にすぐにぶつかった。毎日、何十、何百と日本中からの投稿が集まるのだが、全部を載せきれないのだ。没が出てしまい、読者からはなんで載せないんだというクレームが来たりする。

その時は、紙の限界を説明し、やがて無限の容量を持つ紙に変わる媒体が登場するから待ってくれ、と返事するしかなかった。漠然とコンピュータが無限の面積を持ったメディアであることを感じていた。

そして、もうひとつの「没のない参加型メディア」の可能性に気がついた。それは、リアルな場で直接、会って話し合うことだ。もしその場で話せなかったらその人が悪いのだから、それを没というな、と。いわゆるオフ会である。空間と時間を限定した「参加型メディア」を追求したのである。

「ポンプ」という全面投稿雑誌では、「ニュートーキング・パーティ」(NTP)という名称で行った。読者からNTPの企画を投稿してもらう。例えば「○月○日に、○○駅の近くの喫茶店に集まって、最近見た映画の話をしたい」という提案の投稿する。その情報を読んで参加したい人は提案者に連絡して集まる、という具合だ。これを日本各地で総計1,000回以上、実施した。

そして「ポンプ」以後の80年代前半、この「トーキング・パーティ」という企画に可能性を感じて、「Heart　party」という会員制のおしゃべりクラブのプロジェクトを立ち上げ、運営した。さまざまなテーマで、頻繁におしゃべり会が行われた。

企画提案書 27 - 2

Heart Party

未来フェス

インターネットの時代になり、「オフ会」の可能性は、更に高まっていくと思われる。バーチャルなメディアとリアルなパーティの融合こそが、私たちの社会が真の参加型社会になるための王道ではないかと思う。セミナーでも講演会でもない、全員参加の「おしゃべり会」を日本中、世界中で実施したい。

企画内容

「Heart Party」は「未来フェス」と同じように、地域型とテーマ型がある。いわば「Heart Party」は「未来フェス」の日常版ということである。

例えば「映画Heart Party」を行う。それぞれ自分の好きな映画を観に来るのだが、映画が終われば、それぞれ家に帰る。その帰り道に、「今日みた映画のおしゃべり会」を喫茶店で行う。あらかじめ登録した人だけが集まる。

時間と場所を決めて、「映画Heart Party」が終了したら解散というルールにする。出会い系の交流の場ではないからだ。もちろん、個別にアドレスを交換して、別な場所で会うことは問題ない。

映画だけではなく、ライブでも、スポーツ観戦でも、ビジネスショーでも、同じような感覚とテーマを持つ人が集まるイベントなのに、何も交流がはじまらないのはもったいない。

インターネットによって、P2Pの情報交換がたやすくなった時代だからこそ、ネットの外での交流が重要になってくるのである。

企画提案書 27 - 3

Heart Party

未来フェス

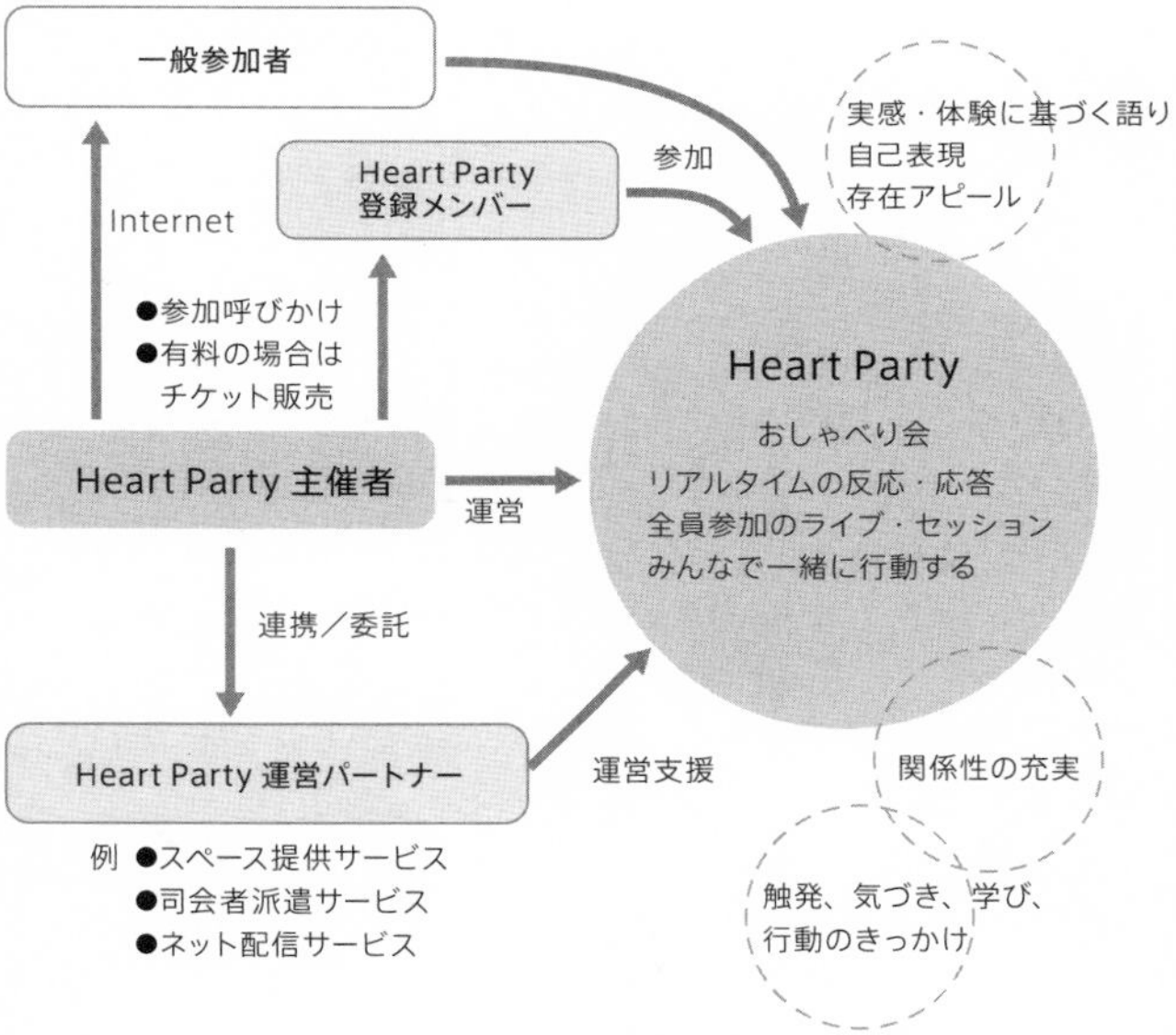

Heart Party 内容例
◇70 歳以上と 20 代のおしゃべり会
◇最近の IT 業界について語り合う会
◇母親限定。子育てについて語り合う
◇旅の思い出についておしゃべり
◇外国人留学生と日本の若者とのおしゃべり会
◇最近の面白かった本について語り合う
　プレゼンバトル
◇歴史好き女子集まれ会
◇アニメ映画を見た帰りにおしゃべりする会
など。

★企業向け提案

低価格グループインタビューを提案。
自社の会議室で、若手社員が司会で運営。
Heart party 登録メンバーから、参加者を紹介する。

企画提案書

28

未来フェス

デメ研シンポジウム・メソッド
「大喜利シンポジウム」

一つの想いを、
いろんな言葉で
いろんな角度から
語り続けるべき。

企画提案書 28 - 1

大喜利シンポジウム

未来フェス

企画趣旨

旧来型の講演会やシンポジウムの方式に不満はないだろうか。識者が著書に書いてあることをただ説明するだけの基調講演。自己紹介と自慢話に終始するシンポジウムが多すぎないか。せっかく、さまざまな領域に知見や経験を持っている人を集めても、登壇者の個人講演会を集めただけで、相互の関係性が生む緊張感や、その場ならではの発見が少ないと思う。

私が開発した「大喜利シンポジウム」は、そうした現状への不満から企画され、実施してきた。

企画内容

「大喜利シンポジウム」は、その名の通り、テレビの笑点でおなじみの「大喜利方式」だ。

私が司会を行い、お題を出す。「インターネット」がテーマだとしたら「インターネットって儲かりますか」というお題を出し、大企業の人やベンチャーの人や官僚などが、それぞれの立場で話をする。そうすると、観客も、さまざまな立場からの視点で比較出来るので、全体状況がつかみやすい。登壇者も、意識して、自分の立場からの発言をするので、雑談に流れない。

登壇者にはあらかじめお題は説明しない。即興でやるので、本に書いたような話を独演するような退屈なことにはならないし、緊張感も高まる。

予定調和のシンポジウムは、もう飽き飽きだ。それぞれ実績のあるミュージシャンが集まって、一夜限りのセッションを行うような

企画提案書 28 - 2

未来フェス

大喜利シンポジウム

ライブ感覚の溢れたシンポジウムを広げていきたい。

▼進行の流れ

1. 参加者を設定する。司会者1名、登壇者5人程度。
2. 登壇者に投げかける「お題」を司会者が考える。事前に「お題」は登壇者には伝えないが、一部、知らせておく場合もある。
3. 会場では、司会者が進行を管理し、用意してきた「お題」をあげて、登壇者が挙手をして、回答していく。
4. 回答が一巡したら、司会者がまとめて、次の「お題」を提出する。

●展開案

1. 選挙講演会
   立候補者を集めて、政治課題を「お題」にして、それぞれの立場で答えることにより、選挙民の判断材料になる。

2. 政策会議
   多くの国家的政策は、権利団体を背景にした政治家の意向と、識者の専門会議などの諮問で決まる。関係団体や専門家を含めた「大喜利政策会議」を行い、それぞれの課題や視点を明確にする。

3. 商品開発会議
   経営者、業務責任者、現場開発者、関係する外部業者、評論家・メディア関係者、利用者・ユーザーなどを集めて、新商品や新サービスの開発会議を行う。

4. オンライン大喜利
 Zoomなどを使って、オンラインでの参加型大喜利を行う。テーマは自由、登壇者も参加型のプラットホームを設置する。「こういうテーマで議論したい」という発案登録システムと、「そのテーマで登壇したい」という登壇者登録システムを作り、登壇者が5人集まったら、日程を決めて実施する。実施された大喜利については、YouTubeなどで放送し、アーカイブ化される。

●実施例

2002年　岡山ビザビ・グループによる「インターネット大喜利」

これを最初にやったのは、岡山市。地元でタウン情報誌などを発行している有力な情報産業グループであるビザビ・グループに頼まれて企画した。

2002年、インターネットがようやく社会に定着しつつある時代で、テーマは「インターネット」。登壇者として集めたのは、今では超有名人だが、当時はDeNAを立ちあげてまだ数年の南場智子さん。リクルートで長年情報誌の立ち上げなどをやっていて、当時は松下電器産業株式会社eネット事業本部に入っていた大野誠一さん。大野さんは、アクトビラの創業社長を経て、その後、ローソンHMV エンタテイメント取締役常務執行役員を経て、現在は、ライフシフトジャパンのCEO。経産省からは、ユニークな論客の境真良さん。地元からは当時、タウン情報岡山の編集長だった宮田啓里さん。この人たちを相手に、私がインターネットに関するお題をふり、それぞれが「ハイ！ハイ！」と手を挙げて答えるという、今からすると豪華なものだった。この時は、全員、落語家のような派手な和服で壇上にあがり、面白い回答をした人には、私が「おい、座布団やってくれ」というと、デジタルメディア研究所・主任研究員の亀田武嗣が座布団持ってくるというもので、600人からいた観客は誰ひとり退屈することなく時間を過ごしたと思う。

2005年　愛知万博「夢の子どもたち・子どもたちの夢」

次に行ったのは、愛知万博の会場。この時のメンバーは以下。
司会：立川こしら（立川談志一門の若手落語家）
スピーカー：橘川幸夫（デジタルメディア研究所所長）
宮脇　和氏（グループ・おりじ代表）
田尾宏文氏（ニュースタート）

立川こしらは2012年に真打昇進した。宮脇は、私の旧友で、70年代から、子どもの遊び塾「おりじ」をやってたが、今はやめている。田尾さんは、不幸な事故で亡くなったが、当時は、ニートたちの社会復帰プログラムである「ニュースタート」の仕事をしていた。

2008年　静岡YEG ビジネス連座200 静岡地域活性フォーラム

3回目は、静岡のYEG（日本商工会議所青年部）主催のイベント。
ビジネス連座２００８
全体ナビゲーター：橘川幸夫（株式会社デジタルメディア研究所所長）
ゲストスピーカー：高須賀　宣氏（LUNARR,Inc. President&CEO）
福田　淳氏（株式会社ソニー・デジタルエンタテイメント・サービス代表取締役社長）
岸　紅子氏（ビューティアナリスト）
信國　真理子氏（鍼灸治療院経営）

企画提案書 28 - 5

大喜利シンポジウム

高須賀さんは、日本でサイボーズを立ち上げた方。この頃は、アメリカに渡って新しいサービス開発に挑戦していた。福田さんは、ソニー100%子会社で携帯コンテンツを扱う会社の社長。現在は、株式会社スピーディ代表として、世界各地でコンテンツ事業を展開している。岸さんは、慶応SFCの学生時代にベンチャーを立ち上げ、ホリスティック美容を追求している。信國さんはモルガン銀行のOLから副社長まで出世したが、「金融は20世紀までの産業」という名言を残して、鍼灸師の免許を取得し、麹町で治療院を経営している。

2008年　「とかちローカルサミット」

2008年7月13日には「とかちローカルサミット」で実施した。丁度、この時期に洞爺湖で「グローバル・サミット」が行われていたが、それに対抗して、十勝の後藤健市くんが主導して行われた。後藤くんとは、彼が80年代に東京のベンチャー企業にいた頃からの仲間で、帯広の有名な屋台村も、企画の段階から応援していた。

以下は橘川のブログ記事からの転載。雰囲気がつかめるかと思う。

2008年７月１３日(日)
◇パネルディスカッション。デメ研メソッドの「大喜利方式」でやることになっている。事前の打ち合わせなし、ぶっつけ本番。控え室で参加者ともほとんど初めて会う感じ。ホテルの浴衣とちゃんちゃんこに着替えて本番を待つ。参加者は以下。みんな堅苦しい肩書きだが、はじまってしまえば、みんなノリノリでした。当日は、東京の城西大学のキャンパスと通信でつながれていて、オンラインで同時参加。

大喜利シンポジウム

＜モデレーター＞

橘川幸夫氏（株式会社デジタルメディア研究所所長）

飯田暢子氏（ぴあデジタルコミュニケーションズ株式会社取締役）

梶野宗一郎氏（帯広YEG２０周年実行委員長）

浅野大介氏（経済産業省流通政策課・物流政策室課長補佐）

長野麻子氏（農林水産省大臣官房情報課企画官）

脇坂真吏氏（株式会社NOOPO代表取締役　とかちローカルサミットIN東京・委員長）

企画提案書

29

未来フェス

会社学校

人を育てる気持ちのない人は
リーダーになってはいけない。

企画提案書 29 - 1

会社学校

未来フェス

企画趣旨

かつて会社は学校であった。仕事を覚えるには、その仕事をやっている会社に入るしかなかったわけだ。インターネットによって、情報やノウハウがオープンになって、必ずしも会社に入らなくても仕事の技術は学べるようになった。

会社が学校であった時代は、師弟関係のような上司と部下の関係になり、今でいえばブラック企業にあたる部分もあった。しかし、そうしたネガティブな要素を排除すれば、これからの会社は、社会の新しい学校としての機能と魅力を持てるのだと思う。

企画内容

1. 会社内ゼミ(ゼミナール)を立ち上げる。
2. 入社半年程度の期間を経て、新入社員は自分のリスペクトする上司を指定して、その上司が開講するゼミに所属する。
3. 通常業務の中で、「ゼミの時間」があり、そこでは上司が指示した課題やリポートを新人社員が提出したり、議論したりする。
4. 通常の社員研修と違うのは、上司と新入社員は師弟関係にあり、寺小屋的なものになる。上司は、教育者になることにより、企業の歴史やマインドや課題を再検討しなければならなくなる。上司の指導力も鍛えられることになる。
5. マス研修ではなく、小さな音楽バンドのようなチーム研修になり、「新規事業開発ワークショップ」や「営業ワークショップ」や「ゼミ活動のWeb作成」などの実践も踏まえて、組織の活性化をはかる。

会社学校

6. 会社が業務別の事業部制度から、チーム別のフェス空間に変わっていく。
7. 役員も、社長ゼミの一員になる。

企画背景

(1)実務を学ぶのは現場

かつて、日本の会社は学校であった。社会で生きるための知識やノウハウは、社会を実際に動かしている会社に蓄積されていたので、会社に入るしか学ぶ方法はなかった。編集者になろうと思ったら、出版社や編集プロダクションに入って、見習いから始めて、編集実務や著者交渉の経験を積んでいく。学校で学ぶことなどは基礎の基礎でしかなく、大学の新聞学科を卒業しても、新聞記者にはなれないのである。

かつて、日本エディタースクールという専門学校があって、私も少しの期間、講師をしていたことがある。そこでは、大手、中小の出版社の辣腕編集者が講師として授業をやっていた。その授業を受ける中で優秀な学生がいると、講師の編集者が「うちでバイトやらないか」と誘って、そのまま就職してしまう学生もいた。学校の卒業はあくまで資格みたいなもので、実務は現場で学ぶしかないのである。

かつて、日本の会社は学校であった。「かつて」とは、1980年代までのことである。80年代にバブル経済と情報化の波が、それまでの社会を大きく壊した。バブル経済により、企業はひたすら業績だけを追求し、社員を育てるという発想が薄らいでいった。90年代に「コーチング」という外部の教育メソッドを導入する企業が増え、それまでの企業の一番大切だった、社員を育てるというシステムを、

会社学校

効率のために外部に委ねてしまった。外資系のコンサル会社が日本型の経営を否定して、社員もコストの一部として扱い、ひたすら効率的な教育を行ってきた。

また、社会の情報化が80年代に一気に進み、それまで企業の内部に蓄積されてきた知識やノウハウがオープンになり、学生でも個人でも、自由に取得できる環境になった。そのことにより、素人でも出版できるようになり、たいした経験がなくても会社を創業することができるようになった。私も80年代以前だが、学生の時に出版事業をはじめてしまい、1978年(28歳)に、「ポンプ」を創刊するために、はじめて宝島社(関連会社の現代新社)に入社した時、最初から編集長だったので、会社から教育を受けたという体験はない。70年代は、まだ情報が少なかったので、事業を進めることは試行錯誤の連続であった。

(2)マクドナルドは学校であった

日本マクドナルドは、戦後の怪物実業家・藤田田によって開始された。アメリカ本社は郊外型を目指したが、藤田さんは、いきなり銀座4丁目の三越に1号店を開き、日本人の度肝を抜いた。マスコミも話題にしやすく、70年代のはじめに、これからは「ハンバーガーの時代だ」という印象を強く与えた。いつのまにか普通の商店街に店を開いたケンタッキーフライドチキンのような戦略をアメリカ本社は考えていたのだろう。

藤田さんは、東大時代に光クラブの山崎晃嗣に資金を提供して、山崎の自殺前に回収したエピソードが有名である。経営手法については毀誉褒貶があるが、マクドナルドやトイザらスなどのアメリカの成功企業の経営陣と交渉して日本での窓口になった交渉手腕は、

会社学校

相当なものだったのだろう。

藤田さんが亡くなって、日本マクドナルドの経営は原田泳幸さんに変わった。原田さんは、アップルコンピュータジャパンの社長として、日本の初期のApple文化を推進した人だ。アメリカのマクドナルド本社に乞われて、藤田さんの後を引き継ぐ形で日本マクドナルドの社長に就任した。

原田さんは、藤田さんの安売り戦略(バリュー戦略)を見直し、ブランド戦略に変換して、当初は大きな成果をあげた。アメリカ型の効率市場主義の業務改革により時代の寵児となったが、経営に行き詰まり、退任したあとはベネッセの社長になったが、個人情報の流出事件などがあり退任する。Apple、マクドナルド、ベネッセという大企業のトップを勤めた、プロ経営者である。

原田さんは、藤田さんの日本型経営を全否定し、藤田さんの腹心の部下たちを次々と退職に追いやった。プロ経営者のやることは、それまでの企業風土を一掃して、自分の文化に変えていくことである。それでは、藤田さんが育てた人たちが、今、どうしているのかというと、飲食店業界で大活躍している。

すき家本部の興津龍太郎社長
ファーストキッチンの紫関修社長
エルソニック株式会社の村尾泰幸社長
モスダイニングの友成勇樹会長

いずれも、藤田さん時代の日本マクドナルドに入社した、藤田学校の生徒である。「三流の人は金を残す．二流の人は事業を残す．一流の人は人を残す」という言葉があるけれど、日本の企業は、かつて

会社学校

学校であり、社会の成長に寄与すると同時に、次の時代の人材も育てたのである。その方法論が、現在の大企業に残っているか。単なる表面的なスキルアップ講座に終始しているのが、現在の人事部のセミナー担当ではないのか。

(3)社会の歯車の一つとしての企業

「社畜」という汚い言葉があって、そういう言葉を使う人はあまり好きではない。仕事をする人にはそれぞれの状況があるのだから、客観的な立場ですべてを同じように評価すべきではないし、汗を流している人を揶揄すべきではないと思っている。

確かに「会社員は組織の歯車の一つ」である。高度成長期においては、敗戦の荒野から復興するために、誰もが歯車としての自覚もあったのだろう。その時、「会社そのものも社会の歯車」の一つであったのだから。

バブルの時代を経て、会社から企業に移行した時、すべては変わった。企業はひたすら効率を推進するだけで、社会全体の歯車だという認識は薄れ、ひたすら自社の利益や業界の利権確保だけを考える経営者が多くなった。

90年代になって企業の社会貢献(フィランソロピー)の文化も広がったが、それは、日本の大手企業が欧米に工場などを進出する際に、地域に貢献しないと企業として認められない文化があり、あわてて社会貢献の予算をつけただけであり、本気で社会全体のことを考えている大企業は少ないと思う。

藤田さんは、財団法人ドナルド・マクドナルド・ハウス・チャリティーズ・ジャパン デン・フジタ財団を作った。これは、アメリカでは小児科病院の近くに、マクドナルドハウスという宿泊施設があり、子どもが手術などで入院する時に、家族がその宿泊施設に安価で宿泊できるというものだ。この企画を提案したのは、スタンフォード大学アジア太平洋研究所「医療政策比較研究プロジェクト」で活躍していた西村由美子さんである。彼女が国立大蔵病院院長に提案をし、二人で藤田さんに面会に行き口説いて実現した。日本のマクドナルドハウスは、東京、大阪、仙台、下野（栃木）、札幌、名古屋、福岡、神戸、埼玉、など11箇所に設置されている。

藤田さんは人材を育てただけではなく、日本の未来も育てたのである。藤田さんはビジネスの基本をアメリカで学び、マクドナルドという最もアメリカ的な事業を日本に導入した。昨今の日本のプロ経営者と呼ばれる人たちは、小手先の経営技術と肩書だけで日本型経営をぶち壊して来たが、むしろアメリカでは、社会に対して大きな責任を感じている本物の経営者が少なくないのである。欧米のITベンチャーの成功者で、新しい教育機関に資産を投資する人がいる。新型コロナウイルス対策に、Twitterの創業者であるジャック・ドーシーは、10億ドル（1,086億円）を寄付すると発表した。NIKE（ナイキ）の創業者であるフィル・ナイトは2016年に米スタンフォード大学と共同で大学院生を対象とした7億5,000万ドル（約845億9,000万円）の奨学プログラム基金を設立。更に、新型コロナウイルスの対策として全資産250億ドル（約2.8兆円）を慈善活動に寄付してしまった。経営者としての個人や、経営する企業そのものも、社会の一員であるということを自覚しているのだろう。

藤田さんは恐らくビジネスの現場では冷徹な経営者であったと思う。しかし、その中で、若い人材を育て、社会の役割も担った。世界の3大投資家と呼ばれるジョージ・ソロスが語ったという言葉がある。「私のビジネスはボランティアではなく、私のボランティアはビジネスではない」と。今の日本の経営者に必要なことは、この2つの価値観を融合統一させていくことではないだろうか。

蛇足になるが、藤田さんにマクドナルドハウスを提案した西村由美子さんは、私の深呼吸する言葉を英語にしてくれた人である。

(4)博報堂21世紀プロジェクト

1990年代に、博報堂は21世紀プロジェクトを社内で立ち上げた。21世紀の広告会社のグランドデザインをまとめるために、担当役員がそれぞれの部署から1名の若手人材を推薦し、チームを組んで、1年余り独立した調査グループとして活動した。経理部担当の役員は経理課から、クリエティブ担当の役員からはクリエイターを、営業担当役員からは営業マンを、という感じで選抜された。私も、そのチームの学習会の講師をしたことがあるが、それぞれの部署の有望若手が集まって議論するわけだから、その経験は、各部署に散っていったとしても関係性が残るので、将来、大きな力になると思った。むしろ、このメソッドを他の大手企業に営業して売り込んだ方がよいのではないかと提案したが、それは動かなかった。

急成長した日本のITベンチャーが、ギャンブルのように新しい収益事業に投資するだけで、ブームが去ってしまったら急速に経営基盤が不安定になるという事例は多い。それは、ビジネスしかしてこなかったからで、人材の育成に、営業と同じくらいの力量と優秀な社内人材をかけてこなかったからだと思う。今日の利益をあげるのは営業だが、明日の利益をあげるのは教育である。

企画提案書

30

未来フェス

社会実装ハウス

夢というのは
新しい職業を作り出すこと。

社会実装ハウス

未来フェス

IT企業や地元有志企業の支援で、受講料・住居費無料化。
期間1年間の実践的教育プログラムでIT人材を育てる。

企画趣旨

ITは未来社会の基幹産業であり、情報化社会の基盤構築のためには、優秀なITエンジニアの育成が必須である。しかし、現状の学校教育システムでは、現場の実践的なノウハウが習得出来ず、学力中心のカリキュラムでは平均的な人材しか育成出来ない。
また、公共的な教育機関に対する公的資金の投入にも限度があり、その分、高額の授業料が学生や父兄の大きな負担になっている。

ITシェアハウスは、学費・寮費・生活費など一切無料。期間は1年間。教育の内容は、1/3は、人間教育を中心に行い、2/3は実際の仕事を行う。プログラム、アプリ開発、コーディングなど、実際の仕事をしながら技術と業務経験を学ぶ。この仕事の売上が、ITシェアハウスの運営費になる。

本プロジェクトは、地域の有力者やIT企業経営者の協力を得て、新しい人材育成のための生活ハウスを実現する。

企画内容

1. 地域単位で、小規模なシェアハウスを設置する。
　10人程度が生活出来る施設を設置し、生活しながら学ぶ全寮制の教育機関となる。

社会実装ハウス

2. 実践的な独自の教育プログラム。

　カリキュラムの1/3は、一般教養として、各業界のキーマンを中心とした講師陣による全人間的な教育を行う。語学教育、国際情勢、ビジネス基礎、メディア構造から哲学・美学まで総合的な教養を修得する。

　カリキュラムの2/3は、具体的な仕事（ブログラム開発やWebコーディングなど）を行いながら実践的技術を身につける。

　また生活実習として、「料理」「裁縫」などの生活技術も学習する。近隣の主婦などに講師になっていただく。

　カリキュラムの一環として、独自のシステム開発、ITコンテンツ開発も行う。

3. 受講生の生活費（家賃・水道光熱費・食費など）と受講料は無料。

　本事業は、地域の有力者とIT事業経営者の支援により運営するので、受講生に金銭的負担はかからない。

　IT系ワークの実践のため、実際の仕事を受注するので、その売上を施設の運営費に充てる。

4. 受講生は公募と推薦で募集する。

　募集はインターネットを使い公募する。選抜試験と面接で判定する。中小のソフトハウスには、独自の採用基準と選抜の方法、短期間で一人前にする方法と経験があるので、それを活かす。

　受講期間は1年間とし1年後にチェックを行い、優秀な人には高収入での企業就職の斡旋、もしくは、ソフトハウス設立や自身の発案による新規事業など起業を支援する。成績が満たないものは終了になる。もう少しの努力が必要な人は、寮長の判断により、次年度の継続も可能とする。

5. 小さな拠点同士のネットワーク化を進める。

日本各地にITシェアハウスを展開し、相互交流や共同開発を行う。

またWeb会議ツール（Zoom等）を使った遠隔教育も行う。

「ITシェアハウス」の他に、これから必要とされるさまざまな業種において「教室のあるシェアハウス／無料で学べるシェアハウス」を設置していく。

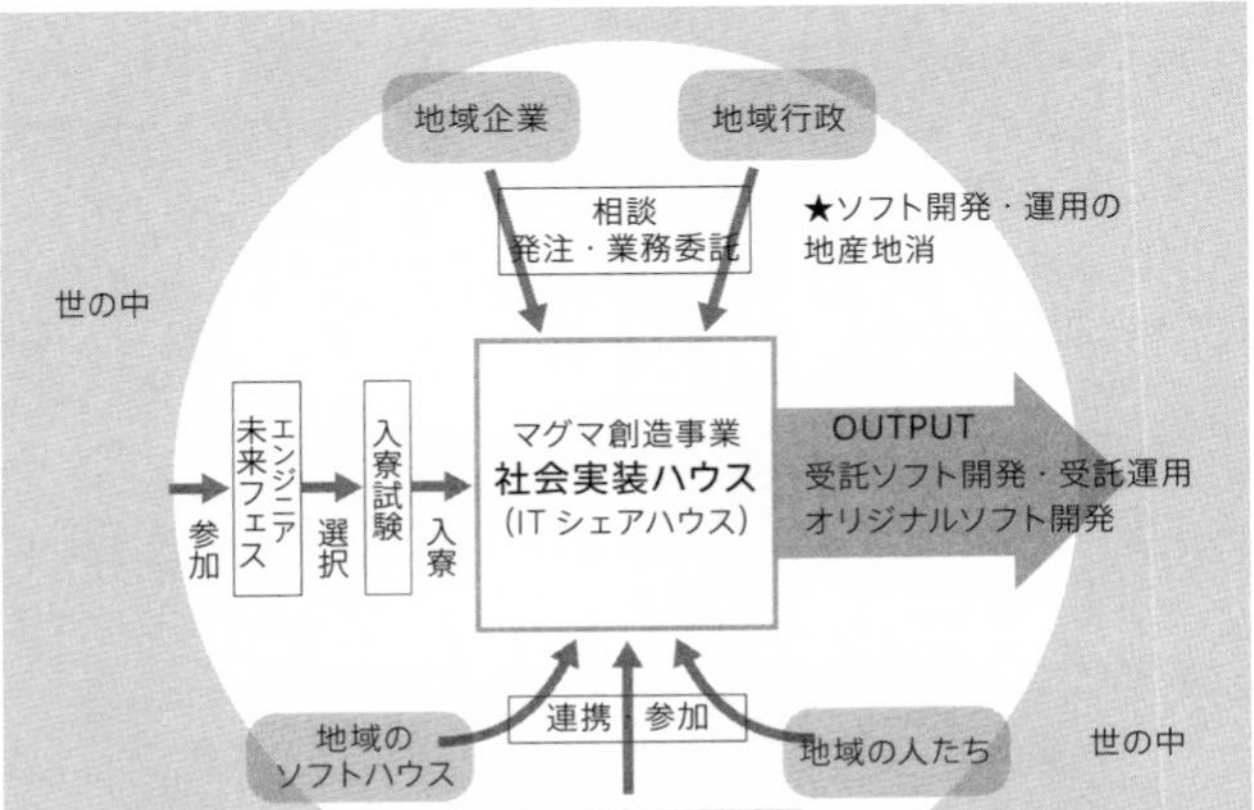

企画提案書 30 - 4

社会実装ハウス

企画背景

社会実装ハウス論

(1)都市という権力

近代社会は、地域の農村部から都市部への人口移動によって、生産性の向上と大量生産による社会的発展を遂げた。新型コロナウイルスによる大量感染を引き起こした中国では、工場が停止し、農民工と言われている農村地帯からの季節労働者や出稼ぎが仕事を失った。その数が3億人であると伝えられて、あらためて中国の急速な高度成長の本質的エネルギーを見たような気がした。都市部は漢民族が支配し、農民工は少数民族であろう。中国の発展とは、漢民族の経済的成功のことなのかも知れない。

日本も、東京・大阪はもちろん、北海道の札幌や九州の福岡は、それぞれ島の中心として、特に若者たちを集めてきた。

そうして発展してきた近代工業社会が終わろうとしている。次の社会に向けて、社会のあり方の構造を見据えて、必要な政策と、発想の転換を行わなければならない。

地方の人は「リトルトーキョー」を目指すのではなく、それぞれの地域の特性と方向性を見定める必要がある。

(2)地域で人を育てて、その人たちが地域を創る

近代を化石エネルギーによる蒸気機関の動力エネルギーが支えていたとしたら、次の時代は、間違いなく、コンピュータのCPUが新しい時代の基盤となる。すでに情報化社会ははじまっており、地域の行政や企業も、多大なIT投資を行っている。

社会実装ハウス

例えば、市の行政が住民管理システムをオンライン化し、市の広報をWeb化する時に、入札の告知をする。多くの業者が応札するだろうが、東京に本社を置いた大企業が、価格面でも内容面でも保守サポート面でも、圧倒的な競争力で勝つだろう。大きな予算が地域から東京に移動する。

それでは、いつまで経っても変わらない。しかし、変わらなければならないのだと思う。

社会実装ハウスのコンセプトは「地域のITの仕事を地域の若者たちを育てて発注する」という循環が作れないか、ということだ。

地域には、廃校があり、若者の地域離れの問題もある。そうした状況を前向きに解決する方法として社会実装ハウスを提案したい。

(3)地域それぞれのテーマ

社会実装ハウスは、フランチャイズ方式で、日本各地に展開したいと思う。ただし、これまでのフランチャイズ理論とは違う。中央の本部が運営やサービスの企画を統一的に決めて、地域にコピペする方式ではない。あくまで地域の施設が主役で、地域の実情に合わせたカリキュラムや体制を構築し、本部はそうした活動の相談役として位置づけられる。また、各地域の社会実装ハウスのネットワークのハブとして、講師の調整や就職情報の共有などを行う。

現在、複数の地域の企業や行政、大学などとも情報交換を行いながら推進している。

例えばある地域では、原発の廃棄物処理が大きなテーマである。何十年もかかるような途方もないプロジェクトだが、いつかやらなければならない仕事だ。原発を誘致したのは中央官庁と電力会社だが、廃棄については、中央をあてにしていたら永遠に解決しない。

地域が主体となって考えなければならないテーマである。

地域のNPOと、アイデア段階であるが社会実装ハウスを作り、授業の半分はIT技術を学び、もう半分は原子力工学を学ぶようなものが出来ないか。最近、大学で原子力工学を学びたい学生が増えているとのことだ。それは、原子力推進のためではなく、これからの100年は、原発の廃棄物処理がビッグビジネスになることを若い人たちは感じているからだろう。

別の地域では、アジアやアフリカの留学生と日本の学生がシェアハウスで共同生活を送りながら、相互交流を図り、国際的に通用するアプリケーションの開発を学ぶ社会実装ハウスが出来ないか、と相談している。

地域の「人・物・金」に合わせた、社会実装ハウスの企画を進めていきたい。

(4)半農半X

「半農半X」という言葉は、京都府綾部の塩見直紀くんが90年の半ばぐらいから語りだした言葉だ。半分だけ農業をして、残りのXは、各自が決める。「半農半芸術家」「半農半サラリーマン」「半農半エンジニア」「半農半教師」などなんでもよい。この言葉は、すでに日本ではかなり定着し、東南アジアでも、次世代のライフスタイルとして評価が高まっている。

コロナ渦において、長期戦になればなるほど、次の不安は食料危機である。先進国の農業は、他の国からの移民や援農の人たちによって支えられている。その交通が遮断されたら、農業の生産力が衰退する。

田舎から東京に出てきた人たちは、いざとなったら故郷に帰るか、という人も少なくない。ただし、その時は「半農半X」になるだろう。

農業を本業とすると人生を賭けて取り組む必要があるが、収穫した農作物を販売してお金を得るのではなく、収穫した農作物は、自分たちや周辺の関係者だけで消費して、残りの「半X」で、現金収入を得る。現在、山間部で引きこもるように生活しながら、IT技術さえあれば、一般以上の収入を得ている人は多い。

社会実装ハウスも、地域実情に合わせて「半分IT半分林業」のように、地域の一次産業を残す技術を地域の若者に取得させる道がある。

(5)近代を超えて

これまでの近代の考え方は、効率が最優先で、その結果、都市文化が生まれた。しかし、ターン・オンの時期が来た。「集中と選択」から「分散となりゆき」への方法論のシフトが重要である。「なりゆき」とは、地域や個人などの個別性に委ねるということである。

「近代の超克」という命題は、戦前・戦時・戦後の知識人たちの大きなテーマであった。それは明治維新によってもたらされた欧米の近代文化をどのように超克していくかという本質的な問題である。

私はこう思う。強い思い込みで近代の次の時代を想定しようとすると、単純に技術信仰になり、ITがすべてを解決するような幻想に陥る。そうではないのだと思う。近代を超えるには、半分、情報化に進み、半分、江戸時代の農業社会に戻るのである。塩見くんの言った、「半農半X」とは、そういうことなのではないだろうか。

半分進んで半分後退する。その環境の中で新しい自我が生まれそうである。

企画提案書

31

コロナ渦の企画書

おしゃべり放送大学

新しい出来事は、
良きにせよ悪しきにせよ、
同時多発で起こる。

おしゃべり放送大学

企画趣旨

(1)ラジオはにわか雨

80年代の初頭にTBSラジオの部長に可愛がられていて、ちょっとしたリポートでギャラを出してもらったり、赤坂あたりで飲ませてもらった。藤井誠くんという私より少し若いラジオのディレクターがいて、部長に紹介してもらって気が合った。彼はラジオが大好きで、コンセプトは「ラジオはにわか雨である」というものだった。

本や映画は、読みたい見たいという個人の意志によってユーザーの行動が起きるが、電波メディア、特にラジオは、電源をつけっぱなしにして、気に入った音楽や、気になるDJの発言があったら「おっ」と個人のスイッチが入って聞いてくれるものだ。それを藤井くんは「にわか雨に遭遇するようなもの」と表現したのである。彼は若くして病気で亡くなってしまったが、彼の「ラジオにわか雨論」は、ずっと覚えている。

インターネットは本来、個人の意志で必要な情報にアクセスするものだが、今や、ネットはフェイクニュースやデマ情報の暴風雨状態で、何が正しいのか分からなくなっている。若気の至りで書き込みしたものが、10年たっても発掘されて攻撃されたりもする。せっかく自由に誰もが自分の発言をできる場所であったのに、自分の意見を言うのも慎重にならざるを得ない。

「テレビやラジオは一方通行だから駄目で、これからは代理人不要の参加型メディアだ」というのは、私が70年代から語り、実践してきた考え方であるが、現実は、ネット広告がテレビ広告の規模を超えてしまったように、旧来型のプッシュ型メディアは衰退しつつある。衰退しつつあるが、そういう状況だからこそ、衰退していくものから、大事なエッセンスを汲み取ることも大切なのだと思う。

私にとってそれは、藤井誠の「にわか雨理論」である。「おしゃべり放送大学」は、そういう思いで立ち上がった。

(2)「まとめないサイト」

「おしゃべり放送大学」を検討していて友人たちに話すと、Podcast や YouTube などで、音声コンテンツは無数に提供されている。なのに、なぜわざわざ放送局をやるのか、と言われる。確かにそういうことなのだが、私たちがやっているのは、一般のラジオと同じように番組表があり、そのタイムテーブルに合わせて番組が放送されている形式だ。

つまり、Podcastのように聞きたい人の聞きたい番組にいつでも自由にアクセスして聞くというものではなく、聞きたい番組があっても、その時間でなければ聞けないものだから不便である。しかし、この不便さの中に、何かの可能性を感じるのだ。つまり、聴者がコントロール出来ない一方通行メディアだからこそ、話者と聴者が偶然に出会える「にわか雨」が発生するのではないかと思っている。

今は実験段階なので、私自身のテーマを含めて番組を作っているが、最終的には、各自がPodcastに音源を公開して、それをランダムに「おしゃべり放送大学」で流せるようにしたい。聴者は、何を聞きたいといわけではなく、さまざまな人のおしゃべりを流している放送のスイッチを入れて、仕事したり、食事しながら聞いてくれればよい。

これは「まとめサイト」のようでいて実は「まとめないサイト」でもある。

おしゃべり放送大学

(3)「おしゃべり放送大学」の意味

放送大学としたのは、eラーニングを意識しているからである。教育の仕事も30年近くやっていて、CBT(computer-based training)やWBT(web-based training)などのeラーニングの可能性は早くから感じていた。アメリカでMOOCsが登場してからは、Udemyを使って「林光のマーケティング入門講座」を作ったこともある。

しかし、もともと大学の教室での講義の限界を感じていたので、その講義をそのまま動画に撮ってオンラインで放送しても意味がないな、という気持ちがずっとあった。大学の講義は、もともと一般の人や学生が、最先端・本質的な情報に直接、到達出来ない時代に生まれたものである。現在のように、あらゆる知財がアーカイブされ共有されている時代では、旧来の一方通行型の講義(レクチャー)では意味がないだろうと思っていた。アクティブラーニングで学生たちの意識を高めることも大切だが、講義そのもののイノベーションが必要だと感じていた。

学生は、大学の教室での授業なら、先生の講義を集中して(我慢して)聞くことが出来る。余所見したら怒られるし、最後まで聞いていないと単位がもらえない。その講義と同じ内容をオンラインのディスプレー越しにやられては、束縛するものが何もないのだから、他に関心が出たら意識はディスプレーから離れるだろうし、集中して聞き続けるわけがない。それはたとえ、講義の内容を短くマイクロ化したところで本質的には変わらない。英単語を覚えるぐらいのことは出来るとしても。

そこでいろいろ模索して到達したのが「対話型講義」である。例えば、建築家同士が最新の世界の建築状況について対話する。対話する両者にとって、話す方が先生で、聞くほうが生徒である。その交互の繰り返しで、二人の建築家は学び合うはずだ。

その音源を第三者が聞くと、自分に直接向かい合った講義ではないから気楽に、専門家の話題を聞くことが出来る。そして「にわか雨」のように、二人の会話の中から、新しい発見に出会うことがあるはずなのだ。

最初は、橘川が、事務所に訪れる様々な領域で未来を追求している人たちと対話している。「おしゃべり放送局」というラジオで随時、放送しつつ、いつかテーマごとに蓄積されたら、再編集の上、アーカイブとしてeラーニングのコンテンツ・サービスとしたい。

（4）現在

「おしゃべり放送大学」は、私と、音楽ジャーナリストであり音楽プロデューサーである山崎潤一郎くんとで開発を進めている。山崎くんは、デメ研創業以来の仲間。

おしゃべり放送大学
https://gooko.jp/

企画提案書

32

コロナ渦の企画書

チューブ・シティ

楽天的になれない奴に
未来を語る資格はない。

チューブ・シティ

企画趣旨

明治以来の日本の近代化の中で、社会が大きく発展するためには公共事業が重要だった。その公共事業への視点が衰弱して、公共になっていない、民間のやりそうなテーマばかり追求しているから、政治の衰退が起きている。

これまでは、鉄道、道路、エネルギー、護岸、水道、ガス、郵便、電話、通信などの社会インフラがテーマだったが、この辺のことは一通りやり終えた。新しい公共事業を作らなければならない。

私の考えは「チューブ」。現在、最先端企業であるAmazonやGoogleはドローンを使った物流システムを考えている。しかし、それは民間の発想。家と家、家と企業をチューブで結び、シューターのような装置でつなげば、インターネットと連動して、スムースな物流網が出来る。

これは都市メガロポリスに有効である。なんとなれば、都市とは一つの巨大なビル(住居)である。地下鉄は、水平に動く高速エレベーターである(とは、私が1978年にロッキング・オンに書いた言葉)。シューターで結べば、ドローンのような不安定なシステムは不要。小型の荷物は、バーコードをつけると宛先に自動的に届く都市。

企画内容

1. 新聞配達。新聞配達員がいらなくなる。逆に、新聞の個別宅配がローコストでできれば、絶望的な新聞社の未来に可能性が生まれる。新聞広告が通販の共同広告として活用出来るからである。なお、ドローンを使って新聞配達をやろうとしている人もいるが、

チューブ・シティ

地方ではドローンがよいと思うが、都市部ではまだ問題が多そうだ。

2. 宅配薬局。セキュリティ管理が必要だが、オンライン診療と合わせて、薬品などを配送できる。病院で並ばなくても老人のもとに届く。独居老人の介護食も配達可能。

3. コンビニ的なものも、すべてネットで注文、自宅までお届けとなる。初期は、タワーマンションにチューブを配管し、一階のコンビニから、自室に注文した商品を配送するシステムはすぐに現実化する。

4. 郵便事業。電子メールに絶滅させられた郵便の手紙が復活する。手紙と封筒のセットも新しい商品を開発し、私信の魅力をアピールする。

5. その他、チューブ・シティは、リアル・インターネットとして、さまざまなビジネスの可能性を秘めている。

進行案

1. 事業化プロジェクトを立ち上げ。

2. 都市部に特区を決めて、共同溝を作りなおす。「電気、ガス、水道、通信、チューブ」をセットにした共同溝をはりめぐらす。水道の蛇口のような物流装置が家庭に設置される。電柱の地中化の動きと連動される。

3. チューブ材料は、CNF素材（セルロースナノファイバー）を検討するなど、新素材を開発する。

チューブ・シティ

4. 世界へのシステム輸出も可能になる。

アイデアそのものは昔からあるだろうが、100年の計としての、公共事業として手掛けるという視点が重要。

企画提案書

33

コロナ渦の企画書

ドレミング・シティ

一番深い場所を
中心と呼ぶ。

企画提案書 33-1

ドレミング・シティ

企画趣旨

(1)道を極める人々

日本人は、分業が得意と言われている。京都の繊維工芸の作業は、たくさんの職人たちの分業のプロセスを経て仕上がる。京友禅が仕上がるまでは15工程ぐらいがあり、それぞれ専門の職人がいる。このことにより、技術が個人や単独の組織に牛耳られることがなく、技術が外部へ流失することを防ぐための知恵でもあったと言う。下絵を描く人、彩色する人、金の加工をする人、紋を入れる人、着物の形にする人、みんなそれぞれ別の人が担当し、それぞれの技術を磨き上げてきた。以前に、京都の染色をしている人に話を聞いたことがあるが、昔は「灰屋」という仕事があって、染色に使うワラを焼いた灰だけを作っている業者がいたそうだ。

日本でグルメガイド本のミシュランを立ち上げる時、フランス人のグルマン(食道楽人)が日本に来て、「寿司屋」「蕎麦屋」「焼き鳥屋」「鰻屋」「ラーメン屋」など、単品のお店が多くて驚いたと言う。西欧料理ではフルコースが基本なので、単品の料理だけ追求するシェフはいないようだ。日本人は、ある意味、個別の技術を「道」として追求し、工夫を重ねてきた歴史がある。戦後の家電や自動車の発展も、中小企業が個別に追求した技術を、大企業がまとめることによって世界商品に発展していった。

しかし、そうした個別の「道」を追求するだけでは、新しい世紀に生き延びることは出来ない。情報化社会とは、それぞれ個別に追求した成果が集まり、統合化される社会だからだ。個別の道を追求しつつ、それらをオーケストラの指揮者のように全体を調和させる役割が必要である。

(2)自動車は産業の指揮者

自動車会社は、戦後社会で個別の追求した、あらゆる産業の成果が集結している。鉄鋼業界による高張力鋼鈑の開発をはじめ、ゴム、ガラス、布、プラスチック、ケーブル、オーディオ、空調機器、コンピュータなど、さまざまな業種の最先端の技術が結集されている。エンジンを開発するトヨタ自動車の下請け会社の組織である協豊会には、229社のそれぞれの領域のトップ企業が集まっている。

自動車は戦後の技術文化の結晶である。しかし、自動車の中核技術であるエンジンがモーターに変わり、動力エネルギーがガソリンから電気に変わりつつある時、自動車メーカーは、どのように未来シフトを進めればよいのか。

トヨタ自動車は、戦前は繊維織機のメーカーとして栄えた。当時は、繊維産業が日本の貿易の主流だったのである。戦後の自動車産業は、世界に自動車を販売し、貿易の中心にいた。次の時代の、日本の貿易は何か。

(3)都市が人々の生活を乗せるビークルになる日

トヨタ自動車は、自動車の延長線上に未来を考えるのではなく、「貿易」を中心に未来を考えるべきだと思う。かつてトヨタ自動車は、自動車の次のビジネスとして住宅を考えた。しかし、住宅は国内産業としてでしか展望はなかったはずだ。次に、通信とITビジネスを考えた。しかし、これも、世界戦略として位置づけたのではなく、国内需要がテーマだったと思う。

私はこう考える。戦後社会のトヨタ自動車の経験は何か。それは、無数の下請け企業の努力を引き上げ、オーケストラの指揮者のように、自動車を作り上げたことではないか。その経験こそが、他の企業にないノウハウだと思う。

都市を作ればよい。それは、単なる既存の技術の組み合わせで出来た都市ではない。都市そのものが新車のように、新しい機能とデザインがいかされた商品であるかのように。そして、それは、日本のあらゆる産業の成果を束ねたものでなければならない。これまでの工業製品とは違い、より広範囲な社会そのものを体現しなければならない。行政も、工業も、エネルギーも、商業も、教育も、医療も、福祉も、通信も、娯楽も、飲食も、アートも、ゲームも、スポーツも、それぞれの領域でイノベーションを進めている企業や団体の成果をとりまとめて、新しい都市を作ればよい。それは情報化社会の新しい乗り物(ビークル)になるのだと思う。

企画内容

新しい都市のエンジンにあたる部分は何になるのだろう。それは金融である。金融は、新しい都市を満たす空気であり、独占することなく常に都市を満たし、あらゆる活動を潤滑にするためのものである。

ドレミングは、高崎義一が発案をして、世界中で注目を集めている、全く新しい金融技術である。2016年には、KPMGの「FinTech100」に日本企業としてはじめて選出された。

高崎くんは、神戸でモスバーガーを経営していて、阪神淡路大震災に遭遇し、その後、店舗の管理システムとしてインターネット・タイムレコーダーを開発し勤怠管理のクラウドサービスを行っていた。私とは震災で神戸から東京に来た頃に出会い、長い友人関係である。

ドレミング・シティ

ドレミングの考え方は、こうである。これまでは労働者は働いた賃金を月末の給料日に銀行に振り込まれて、必要な費用を引き出して使う。それを、働いた人が、働いた分、いつでも会社の経理台帳からオンラインで引き出せるというものである。例えば時給1,000円のアルバイターは、これまでなら月末まで待たないと自分の労働対価がもらえないが、ドレミングのシステムであれば、日給で働いた分を引き出す事ができる。これまでの大半のFinTechは、既存の金融機関の合理化であったり代替であったものが、ドレミングは、金融機関を中抜して、働いた人と企業を直接つなげようとしていることが革命的なのである。

働かざるもの食うべからず。そして、働いた人には適正な配分がスムースに行われるべきである。

ドレミングは現在、福岡の本社を中心に、アメリカ、イギリス、サウジアラビア、インド、シンガポール、ルワンダに展開して活動している。2019年には50カ国の中央銀行首脳会議に招かれプレゼンを行い、特にアフリカ諸国の首脳や銀行頭取に絶賛された。

日本の戦後社会のノウハウを結集した新しいモデル都市を作り、ドレミングを市民活動のエンジンとして活用し、情報社会の新しいライフスタイルを提案する。この都市こそが、世界に販売出来る商品となるだろう。

企画提案書 33 - 5

コロナ渦の企画書

ドレミング・シティ

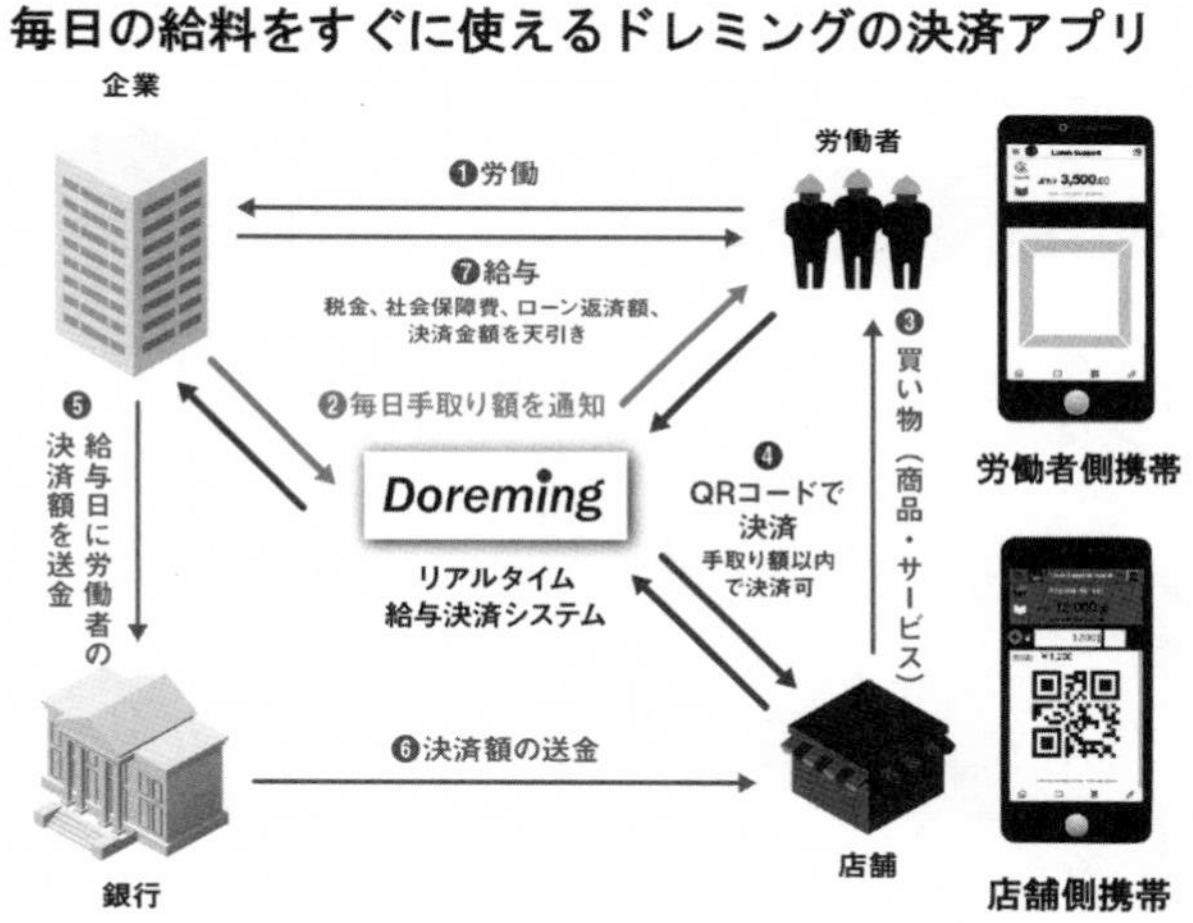

ドレミング

https://www.doreming.com/ja/

企画提案書

34

コロナ渦の企画書

アフターコロナ総研（仮）

私は、社会の上ではなく
時代の上で生きるのだ。

企画提案書 34-1

アフターコロナ総研(仮)

コロナ以後の社会構造の中で生きていくための知見を集めた社会総合研究所。

企画趣旨

2020年の新型コロナウイルスによって生まれた世界の新しい環境は、人類の歴史を大きく変える可能性がある。これまで当たり前のようにやってきた仕事や、踏襲してきた社会ルールが一変するかも知れない。

新しい状況に対して、企業や組織は、これまでの経験を踏まえた上で、新しいマーケティング戦略が必要であり、組織構造論や人材育成、製造・宣伝・販売・サポートまでの業務内容の根本から見直す必要がある。

アフターコロナ総研(仮)は、そうした時代認識の上で、ブレーンを最適化してチーム化し、企業経営者のサポートにあたる。

企画内容

1. 行政、企業、団体などのアフターコロナ戦略についての、アドバイザリーボードをプロデュースする。社会システム、新製品開発、新サービス開発、コミュニティ活性化など、あらゆるテーマに対応する。
2. オリエンテーションを実施する。各企業の喫緊の課題をヒアリング。
3. その上で、最適な人材を4人選抜して、提案する。選抜される人材は、コンセプトバンクに登録されている、各界の現場での知見と経験を有したスペシャリストである。
4. 人選の調整が出来たら、御社メンバーとアドバイザリーボードのメンバーとで、Zoomミーティングを行う。回数、頻度などは相談の上、実施。

5. 内容は、ブレーンストーミングから調査報告まで、テーマと内容に応じて設計する。
6. 本格的な事業化にステップアップする場合は、一度解散して、事業化プロジェクトのメンバーとして契約。

※ アフターコロナ総研(仮)は、やがて本格的な未来社会建設の参加型シンクタンクに発展させていきたい。その時は、「アフターコロナ」という概念は必要がなくなり「未来社会デベロッパー」としての総合研究所の役割を担うので今は「(仮)」とつけておく。

企画背景

(1)合理と実体の時代へ

コロナ渦は、人々が生きるためだけの生活の期間になった。これまでの不合理で実体のない社会の無意味さに気がつく時間を私たちは強制的に与えられた。

コロナ戒厳令の中、会社に行かなければ仕事が出来ないと。なんの仕事だというと、会社の印鑑を押さないと業務が進まない、と。意味があるのか。印鑑業界と、その業界に押された政治家の力で続けられた不合理な仕組みと膨大な無駄をこの機会に見直すべきだと思う。印鑑証明を発行するために、どれだけ多くの公務員が必要で、その人件費が必要なのか。その業務と構造を、合理的な判断で一気に整理すれば、より身軽な行政組織が出来る。もちろん、それは、不要になった人材に、新たな社会のための業務創出や、今回の出来事で分かった、医療・福祉などの人材不足の充足にあてることとセットで考えるべきである。

国家予算の半分は、公務員やみなし公務員の人件費だと言われている。民主党政権の時の一方的に削るだけの「事業仕分け」だけではなく、「長年の習慣だからやめられない」という慣習的悪弊を廃止して、削除された金額分を別の領域の予算にシフトすべきである。人材もまた移動させるべきである。

「事業仕分け」は、本来、一般社団法人構想日本が提案し実施してきた民間からの行政組織に対するチェック機構だが、民社党が政権を取り、権力側の道具になってしまった。それは、機会あれば予算を削りたい財務省の思惑と合致し、現場と接している各省庁の抱えている実情を理解することなく、数字を削ることが目的になってしまったような気がする。

実体経済とは別なところで、投機と思惑でゲーム化し異常に膨れ上がった金融経済も、実体に戻すべきだ。

(2)企業は誰のものか

企業は誰のものか、という議論がかつてはあったが、今では、企業は株主のものだ、という考え方が一般的になってしまった。かつて企業とは中小企業であろうと大企業であろうと、ある種の「家」であり、家長である社長が父親で、社員は家族であった。そういう時代はパワハラやセクハラも頻繁にあり、根性主義や任侠主義がまかり通っていた。そうしたネガティブな要素もあったが、逆に古典的な家組織は、家系に存亡の危機があれば、社長が先頭に立って家族を守る行動を起こした。そういう行動が出来るから、家族である社員も不合理な環境にも耐えて、ついていったということもある。しかし、そういう牧歌的な企業経営は、バブル崩壊とともに破綻した山一證券の野澤正平が、泣いて社員に侘びた記者会見で終わった。

アフターコロナ総研（仮）

その後は、社員もコストと評価する欧米型金融の考え方に支配され、日本の大手企業の家組織論は崩壊した。

若いベンチャー企業や人材派遣会社に見られるような、日本型村組織論で社員に強圧的なプレッシャーをかけ、社長は家長としての責任を感じずに合理的な経営をする企業をブラック企業と呼ぶ。

企業が社長のものでも社員のものでもなく顧客のものでもなく、株主のものになった企業は、配当の多寡を競い、利益を社員に分け与えず、自社株購入で株主の利益を高めることに熱心になった。

しかし、コロナ渦において、世界的にそうして株価だけが膨れ上がった企業に存亡の危機が訪れた。アメリカでは、この最中にも、雇用者を大量解雇しながら、株主配当支払いや自社株購入をすすめている企業への批判がはじまっている。ドイツでは、新型コロナウイルス支援要請の企業に配当支払い停止を要求している。日本の大企業の内部留保は400兆円あると言われている。この資金は、自社の存続と社員の生活のために使われるべきだと思う。

その上で、アフターコロナの時代を、どう企業活動していくのか、新しい企業のコアコンピタンスは何かを追求すべきだと思う。

繰り返して言うが、アフターコロナの世界において、元の社会構造のまま復興させるべき領域と、古い構造をこの機会に崩壊したままにして整地し、新しいビジネスモデルを建設しなければならない領域とがある。

企業は経営者と従業員と顧客が作るコミュニティだ。株主はその企業コミュニティを支えるものであって、領導すべきではないと思う。

(3)生活も変わる

私も自主的に外出規制をして、自宅生活が長くなり、久しぶりに

アフターコロナ総研(仮)

体重はかってみたら、痩せてる。外食だと、炒飯餃子とか豚テキランチとか、脂取りすぎになってしまう。喫茶店でうまそうなケーキがあると頼んだり、深夜の味噌ラーメンとか、肥満への誘惑が街にはあふれている。コロナ渦の食生活において、砂糖、塩、油、炭水化物など、とりすぎの人生だったことを、あらためて確認。家ではやばい調味料や食材がないので、極めてヘルシー。コロナが明けても、もうあの外食生活には戻らないかも知れない。

食材の来歴や添加物の内容など、料理の中身をオープンにした飲食店の需要が増えるかも知れない。

(4)メディアも変わる

テレビの生放送のキャスターが自宅から放送している。まるでニコ生かYouTuberと同じである。テレビの価値とは、テレビ受像機の普及率の問題であって、コンテンツの中身ではなくなっているのではないか。NHKは今でも番組制作に民放とは比べ物にならない費用と人材を使っている。

このまま行くと、テレビの放送制作は出来なくなる。テレビ局の現場は、それこそ三密の最たる空間で、長時間、密室で、口角泡を飛ばして仕事をする。タレントや局アナに感染者が出たが、スタジオ収録は出来なくなり、街頭での食レポや、「鶴瓶の家族に乾杯」みたいな、お宅訪問も不可能になる。コロナ渦でワイドショーのキャスターも自宅で配信しているが、今後、大規模なスタジオは不要になって、3次元のバーチャルなスタジオで、参加者はそれぞれの自宅から出演するようになるだろう。

テレビもまた、長い時間、惰性で作られてきた。同じような顔ぶれのタレントが、テレビ出演の利権を持ってきた。テレビ局の側も

アフターコロナ総研(仮)

慣れた人間の方が使いやすいので、極めて限定的な300人程度のタレントを繰り返し使うことで知名度を高め、番組に安心感を持たせた。電通をはじめとした広告代理店にとっても、テレビタレントを育てることが企業営業に効果的なため積極的に少数のスターを育ててきたのだ。

インターネットが普及したが、テレビの影響力は依然として強大である。テレビが放送する「意見」は、マジョリティとして、多くの人が「自分の意見」として受け取ってしまう。そのテレビの制作モデルが壊れつつある。

新聞も危ない。明治以来、大手新聞社は、各地に特派員を配置し、あらゆる業界や政治家にパイプを作り、集めた情報を、整理部が編集して新聞として全国に配送する。まず、新聞紙が危ない。現在、新型コロナウイルスは、紙幣感染の恐怖が語られている。お札やコインは、複数の人が手渡しするので、なるべく、現金決済ではなく、電子マネーで支払うようにしている。それでも、古い八百屋さんなどでは、現金しか対応していない。

新型コロナウイルスは、段ボールの表面でも1日以上生き延びるということなので、通販で買った商品の段ボールは、置き配をしてもらい、一日経ってから部屋に入れることにしている。

新聞もまた、複数の人の手を経て、外部から自宅に持ち込まれるものである。私は、新聞の宅配は頼んでいないが、毎日、朝の散歩を兼ねてコンビニに行き、日経新聞を買ってきて、朝食を食べながら新聞を読むのが日課だった。しかし、かみさんから、食事中、外部から持ち込まれた新聞を読むのは禁止、という宣告を受け、やめることになった。

新聞は、新聞社の編集局だけではなく、印刷する人も、トラック

アフターコロナ総研(仮)

で運ぶ人も、新聞専売所の人も、多くの人が新聞を発行することで生活している。電子新聞の流れが出来たが、そうした多くの人たちの生活をいきなり壊すことが出来ないので、電子化が進まなかった。日経だけが、販売店を持たないことによって、電子化に大きくシフトすることができた。

コロナ渦が長引けば長引くほど、新聞の購読率は下がるだろう。現実に新聞販売店の収入源である折り込み広告が激減している。私は新聞販売店の店主の中でも、新聞の未来に危機感を持ちながら、地域コミュニティの中の拠点としての意味を考え、新しい事業構造を模索してきた人たちを知っている。単に大手新聞社が新聞を電子化することだけが目的になってはならないと思う。新聞を発行することによって生活している、すべての人たちが、自分たちの未来に即した業務転換を検討すべきだ。その時間が与えられたはずである。

コロナ以前の社会構造や既得権益は崩壊する。崩壊はするが、そこでの経験やノウハウは貴重な資源として次の時代に活かすべきだ。新聞社、テレビ局の関係者は、今こそ本格的にインターネットの時代に向けて、自らのビジネスモデルを再構築する時ではないかと思う。

この機会に、もう一度、それぞれが個人として、自分の考えを整理する必要がある。大いなる自己学習の宿題を、全世界すべての人がコロナウイルスによって暴力的に与えられている。人間が人間として与えられた役割があるとしたら、この期間で、一人ひとりが考え、コロナ以後に、それぞれ持ち寄って集まり、新しい人類の可能性を示すことだろう。

あとがき

70年代からやりなおし。

（1）オリンピックと万博とコロナ

コロナ渦は、これまで社会が当たり前のように推進していた動きを中断した。日本においてはオリンピックの中止がシンボリックな事件である。60年代の高度成長の時代であるなら、オリンピックをテコにして国内の不整備なインフラを整備する、という国民総意になりうるテーマがあり、これから国際化を目指す日本の若者たちに対して国際感覚を肌で感じさせるという教育的意味もあっただろう。１９６４年のオリンピック時に、私は、新宿・四谷の中学生だったが、学校の体育館が外国のバレーボール選手たちの練習場に使われて、長身痩躯の世界各国の選手たちが学校に現れて、まだ外国人が珍しい時代なので、みんなカルチャーショックを受けていた。

　しかし高度成長も終わって物質的には豊かな時代になり、国際交流も盛んな時代にあらためてオリンピックを開催する意義を、多くの人は感じられずにいたのではないか。何か一部の人間の利権構造の匂いもして不服な気持ちであったが「なんとなく」許してしまう社会の気配があった。

　そういう曖昧な未来への動きに対してコロナ渦は強制的にストップをかけた。オリンピックに向けて多大な投資をしてきたデベロッパーや観光業界は大変な事態になっている。しかし、これもまた現実である。中断した時間の中で「オリンピックの意味」をもう一度、ゼロから考えるべきであろう。その上で、アフターコロナの中で、再度、追求するのか、別な国際交流のイベントを計画するのか、判断したらよい。

　２０２５年の大阪万博も赤信号がついた。１９７０年の万博時は、日本の企業は新時代に向けて研究開発に熱心に取り組み、それぞれの企業には自社開発中の新しい技術や商品コンセプトがあった。しかし、今はどうだろう。80年代バブル経済を経て、金融国際主義に毒されて、日本の企業は自社の研究開発予算や新商品開発のためのマーケティング調査予算を削り、「集中と選択」スローガンに従い当座の利益追求に走ってしまった。政府の予算も、長期的な基礎研究予算を削減し、政府予算があたかも、投資ファンド会社の投資資金のようになってしまった。今期の利益だけを追求して、持続不可能な体制にしてしまったのだと思う。

そうした政府や企業に、今、万国博覧会で世界に誇る何事かの提案が出来るのであろうか。これもオリンピックと同様に、「なんとなく」進んできたのではないか。私はオリンピックも万博も、その開催に反対するものではない。ただ、やるのであれば、最低の資金で最大限の効果をあげるような動きにすべきだと思う。関係者だけの机上の空論と予算配分が密室で決められることに憤りを覚える。

１９７０年の万博は、その時代のあらゆるクリエイターが集まり、さまざまなプロジェクトが組まれた。建築家とイラストレーターと映画監督が同じ会議室で議論をしたのである。その経験は、その後の日本社会に大いに影響を与えたと、万博の中心的プロデューサーであった故・小谷正一さんから聞いた。それぞれのパビリオンのコンパニオンたちは、その後もずっと同窓会を続けていたそうだ。クリエイターたちの相互交流と関係性が70年万博で起きたのである。

（2）遠くまで行かない

近代ビジネスの本質は「ギャンブル」と「手数料（マージン）」である。オランダやイギリスの資本家が資金を集めて貿易船を建造し、インドに香辛料を求めて旅立つ。無事に香辛料を仕入れて販売すれば利益が出て出資者に還元出来るが、途中で沈没したら出資金はゼロになる。資本主義のはじまりは、まさにギャンブルからスタートしている。日本にカジノを作るかどうかで議論になっているが、既に大きなカジノが日本にある。日本橋兜町の東京証券取引所である。

やがて交易が全世界ではじまると、商社が生まれ、生産地で安く仕入れて市場で高く売り、その手数料をいただく。あらゆる交易の間に入って手数料を取るのが近代ビジネスである。

出版の場合は、著者と読者の間に出版社が入り、本を編集したり印刷したりして、著者の思いを読者に届ける間にいて、手数料や管理料をもらう。手数料が適正でないとピンハネと言われる。

間に入ることが近代ビジネスの本質だとしたら、なるべく大きな生産と大きな消費の間にいた方が利益が高くなる。ラーメン屋を1軒経営して毎月１００万円の利益が出るとしたら、ラーメン屋を１００軒経営すれば１００万円×１００軒分以上の利益が出る。量があれば、仕入れ材料も安くなるだろうし、管理費も効率化するだろうから。企業が拡大を目指すのは、その方が儲かるからである。

更に80年代半ばのバブル期以降に目立ってきたのは、量と量の間に入るだけではなく、なるべく現場から遠方に距離を持った方が儲かるという考え方だ。現場のライターより、出版社の編集者の方が安定して儲かる、編集者より編集長の方が、編集長より編集局長の方が、編集局長より役員の方が、役員より社長の方が、取材現場からは遠いだけ儲かる。更に、社長より、株主の方が現場作業に関わることなく儲かる。あらゆる企業の権力ある人が、現場から遠くへ行きたがってしまったのだ。その結果、何が起きたか。日本から商品製造の現場はなくなり、遠い中国や東南アジアで商品が作られるようになった。その結果、日本のサラリーマンは豊かになったが、モノづくりに燃える情熱は失われた。

（3）シャワートイレ

コロナ禍で日本だけではなく、アメリカでもトイレットペーパーの争奪戦があり、そこでシャーワートイレの人気が爆発しているというニュースが流れてきた。外国人が日本に来て感動するのは、食べ物とトイレだと言う。日本のシャワートイレは、もともと障害者のために研究開発された。ユニーバサルデザインが健常者にも喜ばれるハッピーデザイン（後藤健市の言葉）になった成功例である。

しかし、アメリカで売れているのは中国メーカーのものである。コロナ禍をビジネスチャンスとして売り込みをかけているのだろう。

なぜそうなったかというと、日本のトイレメーカーが中国の工場を下請けに使ったからである。日本で製造するより、中国で製造した方がコスト減になると、製造現場を遠くに離してしまった。下請けでも長年、製造していれば、作り方など分かってしまう。バブル期以後、日本はアウトソーシングで国外に製造拠点を移し、その国の人に技術教育をしてきたことになる。覚えた技術で、自分たちの商品を開発するのは、当然のことである。日本も戦後、アメリカの下請けになり技術を盗み、貿易大国になった。

やがて、成長した中国やベトナムの企業が、日本の方が製造コストが安いと言って工場を作るだろう。すでに、アニメの仕事などで、日本の下請け化がはじまっている。海外に進出した日本企業の工場の国内回帰が起きているが、それは、日本の方が人件費を含めてコストが安くなったという側面があることを自覚した方がよい。

（４）バブル以前からの再スタート

日本はアフターコロナの時代に、新しいスタートをしなければならない。どこからスタートするのかというと、私は、１９７０年代に日本人の意識を戻して、そこからスタートすべきだと思う。日本は、80年代中期からのバブル期の喧騒の中で、企業も個人も、何かが壊れてしまったような気がする。ＳＯＮＹがウォークマンを発売したのは、１９７８年である。任天堂がファミリーコンピュータを発売したのは、バブル前夜の１９８３年である。日本の企業の意識をそこに一度戻して、失われた１９８０年代の最初からやり直す必要があると思う。日本株式会社の先頭に立っていたのは大企業であるが、動力エンジンは中小企業のネットークが支えていた。しかし、バブル以後、中小企業は、顧客大企業からは価格の抑え込みにあい、素材などの仕入れ先大企業からは仕入れ価格の値上げ攻勢にあい、窒息して倒産した企業がたくさんある。その結果、低価格の海外に仕事が流れたのである。

アフターコロナの企業状況は、もしかしたら、内部留保をためこんだ大企業が生き残り、技術や経験のある中小企業が全滅しているかも知れない。しかし、次の時代を作るのは、大企業と中小企業が信頼のネットワークを築いていた、バブル以前の社会構造なのではないか。大企業を作戦本部とする、中小企業ネットワークこそが、日本の国力になると思っている。

（5）仮説・アフコロ闇市派

現在の状況を第二次世界大戦の東京大空襲の状況と想定してみる。

空襲警報が鳴ると、防空壕に逃げたり、家族で家の中でじっと耐えていた。終戦になり、平和が訪れたが、都市は爆撃で崩壊し、工場は壊されて産業も息の根をとめられていた。

その中で、生き延びた人は、食料を求めて地方を訪れ、都市には闇市が出来て、それぞれが手に入れた物資を販売していた。一部は法外な値段がついていた。しかし、その中で知恵を働かせたものが新しい商品を開発したり、独自のルートで物資を手に入れて、利益を得ていた。新橋や新宿の駅前には、当時最大のマーケットが登場したのである。

人々のニーズを探り、独自に入手して、マージンを乗せて販売するというのは、ビジネスの基本構造である。しかし、社会秩序が不安定な時に、人の不安につけこんで高値で売りさばくと、「転売ヤー」と呼ばれて批判される場合もある。彼らは、もともと「背取り」と呼ばれる、ブックオフで価値のある古本を見つけて、高価で転売する人たちの系譜である。ヤフオクやメルカリなどの個人間商取引のシステムが一般化したこともあり、個人の小遣い稼ぎのスモール・ビジネスが一般化した。株式投資と同じ感覚で、商品取引をしている主婦とかも少なくないのだろう。

第二次世界大戦後の闇市は、物資が不足した時代における非合法なマーケットであった。コロナ渦におけるマスクやアルコール消毒液や、はては、自宅でパンを焼くための小麦粉やバターまでが転売ヤーたちが扱う様は、「インターネット闇市」ともいうべき状況ではないか。この動きは、今後、旧来型の企業や商店が倒産していくと、より活発になっていくような気がする。

戦後の闇市の時代は、東大生の山崎晃嗣は学生高利貸しとして闇金融を行ったが最後は破綻して自殺した。大学生の不良グループが集まり、渋谷を拠点にして安藤昇の安藤組が勢力を伸ばした。戦後闇市派という言葉は、作家の野坂昭如が名付けたものだが、戦争という大破壊の末に混沌が生まれ、混沌の中で必死に生きる人たちが生活必需品を求め、やがて社会が安定し、新たな発展を遂げてきた。

コロナ渦は、戦争のように人間の愚かさの暴走により生まれた混乱ではない。今は、新型コロナウイルスと人間の賢さが生んだ科学や医学との戦いの最中である。物理的には空襲もなく大地が焦土になったわけでもない。しかし、2020年のコロナ渦は、まちがいなく、これまでの社会生活の根本的な仕組みを破壊し、今も見えない崩壊が進んでいる。

私たちは、新型コロナウイルスの悲劇を克服した時に、かつて戦地から帰郷した兵士たちの見た風景を見るだろう。そして、もう一度、平和な社会の再構築を開始すると思う。戦争の傷痕がまだ残っている時に、美空ひばりが生まれ、力道山が登場した。それは国民のみんなの希望の結晶であったのだろう。コロナ渦において自らの才能を磨いたものだけが、やがて、サブカルチャーとしてではなく、王道のアーティストとして社会の喝采を浴びるだろう。ダイエーも松下電器も、そうした闇市の時代に新しい時代の明かりを灯したのである。

(6) ネットワーク新時代

今年の大学の新学期は大変な騒ぎであった。新型コロナウイルスの猛威により、先生も生徒も学校の教室に集まって授業が出来ない。私も多摩大学で講座を持っているが、オンライン授業に切り替わった。学生たちも最初は戸惑っただろうが、数回やって、オンライン授業が何なのか理解出来たようだ。ある女子大生がこういうことを言った。「これまでの授業だと学生と先生の距離があったけど、オンラインの方が身近に先生を感じる」と。ある大学の先生は「オンライン授業だと、学生がすべて最前列にいるような気がする」と言った。これまで理論だけ進んで実際は保守的だった学校現場に、新しい可能性が生まれはじめている。

これまでの学校は、決められた知識を決められた方法で取得したものに単位を与え、多く記憶したものが良い成績を収め、大企業に就職出来た。しかし、そういうピラミッドの頂点を目指す社会の方法論は、終わっていくのだと思う。

コロナ渦が収束した時、ウィズコロナの中で何を学び何を発見したかが、とても大事な気がする。大学の先生の中でも、オンライン講義についていけず、通常の講義を動画撮影して学生に見せたり、動画撮影も出来ない場合はテキストの文書を配布して感想を求めるというような先生もいる。これは大学だけではなく、多くの企業の中でも起きていて、未来に対する対応能力による選別がはじまっているのではないか。

（7）実働だけの仕事の社会へ

今回の自粛期間の中で、はっきり見えたことがあった。これまで「仕事時間」だと思っていたものが、実は「仕事」をするための準備の時間がへばりついていたということだ。

私は大学の講義を担当しているが、自宅から多摩大学に通うのに片道90分以上かかる。授業は１コマなので90分。90分の仕事のために往復で１８０分の「仕事を成立させるための時間」が必要だったわけだ。それがオンライン授業になれば、90分の実際の仕事だけで済む。

一般的な勤務においても、８時間の労働時間のために往復の通勤時間がかかっているが、この時間は労働とは呼ばないだろう。オンラインで仕事をすれば、実質の仕事時間が労働時間そのものになり、曖昧な部分がなくなる。その意味に気がついた企業関係者は、在宅勤務を推進するだろう。週休２日や週休３日というように会社にいる時間を削るよりも、在宅勤務にして通勤時間を削る方が「働き方改革」としては効率的だし妥当ではないか。

通勤や打ち合わせのための移動があるから、街でランチをしたり、会社の帰りに一杯やっていくという文化が生まれ、飲食業が栄えた。それが豊かといえば豊かな都市文化であるが、食事や酒だけであれば、別に、仕事のついでである必要はないだろう。会社の帰りに上司に誘われて一杯やるのが仕事の一部だと思っている人もいるが、それは「仕事」ではなく「仕事のふり」である。むしろ在宅勤務になれば、新しい飲食文化が地域の中で生まれると思う。

自粛期間は、これまで当たり前のように消費していた「無駄な時間」を意識させた。８時間労働だけをきちっとやれば、どれだけ生産効率が高まり、人々に余裕が生まれるだろう。新しい時代は、人々の「時間に対する意識」の変革が最初のテーマになる。労働の時間以外は、それぞれの個人が自由に使ってよい時間になる。私は２００３年に「暇つぶしの時代」（平凡社）という本を出したが、在宅勤務がはじまって、いよいよ本格的な「暇つぶしの時代」がはじまるのだろう。現場でしか出来ない仕事もたくさんあるが、現場に行く必要のない業務は、今後の社会においては、実働だけの労働に向かうべきであろう。

（8）情報産業革命の時代

新型コロナウイルスの脅威が去った時、人類は、組織力を高めることを目的とした近代社会の方法論から、一人ひとりの個人の主体性と能力を全開出来るネットワーク社会に本格的に突入していくだろう。蒸気エンジンが社会の生産力を高め、交通の飛躍的進化は世界を狭くした。そして今、コンピュータのＣＰＵが新しい蒸気エンジンとして、人々の体験と実感をつなげていくようになる。これを「情報産業革命」と呼ぼう。そして、２０２０年、人類は「近代の20世紀」を終了して、本当の意味での「21世紀」を開始するのだと思う。

新型コロナウイルスは、人類の変革を加速させている。それは、一人ひとりが、その自発性をもって大地に立ち、つながりながら新しい世界を築く、参加型社会への道につながっていくだろう。政治・社会・文化とあらゆるものが、変革されていく。

長年の政治の構造も変わるだろう。業界や組合や宗教の代理人による議会制民主主義も変わらざるを得ないだろう。今、大学で起きているオンライン授業のようなことが、選挙活動の中でも取り入れられるだろう。多くの人間がＺｏｏｍを使えるようになれば、オンライン立ち会い演説会も可能になり、そこではこれまでのような形式的な挨拶だけでは済まないコミュニケイティブな議論が起こりうるだろう。

新型コロナウイルス対策担当大臣の西村康稔さんは「ウイルスが進化する中で社会も負けないように進化する必要がある」と語った。彼は、90年代、通産省（現・経産省）にいて、迫りくるＩＴ社会への問題意識も高く、出版業界やニューメディア関連の担当官僚であった。その頃、定期的に二人で話をする機会があり、ＩＴ技術の進化が世界を変えていく実情を、興奮を持って語っていたことを覚えている。アフターコロナの世界においては、旧来型の与党と野党の勢力争いや予定調和の議論ではなく、超党派による具体的な社会インフラの整備が求められてくると思う。与党にも野党にも、右翼にも左翼にもノンポリにも、未来を実感している人たちがいるはずであり、その人たち個人のネットワークが新しい社会を成立させるのだろう。

（9）本当のあとがき

「あとがき」にしては長い文章になった。それは、この文章が何事かの「まとめ」ではなく、まだ現在進行系の物語の真っ最中にいると認識しているからである。

本を書くというのは、つくづくネットでテキストをアップするのとは違うことだなと思う。本を書き終えた時に、大切なことを教えてくれた人たちや、考えるきっかけを与えてくれた人、私のまとまっていない論理や企画を笑顔で聞いてくれた仲間たちへの感謝の気持ちが湧いてきた。ネットに足りないのは「他者への感謝の気持ちだな」とも思った。

未来フェスを一緒に運営してくれている日本各地の仲間たち、毎週オンラインの会議に参加してくれているデジタルメディア研究所と一般社団法人未来フェスの仲間たち、この数年間、新しい世界の動きを教えていただき時代の本質的課題を議論できた公文俊平情報塾の公文俊平先生と塾生の仲間たち、橘川の私塾であるリアルテキスト塾に参加してくれた皆さんに感謝したい。本書の推薦文をいただいた中村伊知哉さんは、ロックシーンからスタートし時代の最先端の変革の現場を担っている方で、あらためて感謝したい。

今回の本は、クラウドファンディング出版という、本を書く前に１２６人の方に支援をいただき発行することが出来た。これまでは自分ひとりで原稿を書いていたが、今回は、常にその１２６人の皆さんを意識して書き続けた。また、その中から、校正を引き受けてくれた方が４人いて、その人たちの意見も反映させていただいた。本を出すことの新しい喜びを感じさせていただいた。

本書は２０２０年に書き下ろした新刊であるが、気持ちの上では１９８１年に出した最初の単行本である「企画書―１９９９年のためのコンセプトノート」のバージョンアップ版だと思っている。人間は、もしかしたら生涯に一冊の本しか書けないのかも知れない。生きるとは、最初の想いを調整しながら現実に対応していくことなのだろう。その意味でも、私は１９７２年に「ロッキング・オン」を創刊して以来、「参加型メディア」「参加型社会」だけを追い続けてきた。同じ時代を生きているすべての人たちが、一人でも多くこの暗雲を超えて、賑やかな宴会を楽しめる日を待ち望む。本書を刊行するにあたって、物理的・精神的に支えてくれたすべての人に感謝をして、引き続き未来への企画会議を進めていこう。

最後になるが19歳の橘川幸夫をメディアの上で見つけてくれて、時代の最前線の現場に連れていってくれた子ども調査研究所の故・高山英男さんに深く感謝し、本書を捧げさせていただく。子ども調査研究所の高山所長と近藤純夫主任研究員は、2019年に亡くなったが、半世紀の間、この研究所は私のメディアの故郷ともいうべき場所であり、企業の商品開発を担っている人と時代のユニークな人材が集まっていた。私はその空間を引き継ぎたいと願っていた。高山英男さんと近藤純夫さんの霊に見守られながら、もう少し頑張っていこうと思う。

橘川 幸夫（きつかわ ゆきお）
mail/kit@demeken.co.jp

株式会社デジタルメディア研究所　代表。多摩大学経営情報学部　客員教授。一般社団法人未来フェス　代表理事。アフターコロナ総研（仮）代表。一般社団法人 自分史活用推進協議会・名誉顧問。公益財団法人信頼資本財団・シニアフェロー。SEEDx 地域未来塾・塾長。石花会・会長。株式会社ペーパーメディア研究所・顧問。株式会社リーフラス・顧問。株式会社やずや・顧問。株式会社アイム・顧問。株式会社チュラコス・顧問。など

＜経歴＞

1950年　東京都新宿区若葉町に生まれる。四谷第一小学校、四谷第一中学校、国学院高校、国学院大学に進む。

1972年　大学生の頃、浪人生だった渋谷陽一らと音楽投稿雑誌『ロッキング・オン』創刊。大学は中退。

1973年　雑誌を出すために写植技術を学び「有限会社たちばな写植」を東中野で創業。

1978年　全面投稿雑誌「ポンプ」を創刊、編集長。その後、さまざまな雑誌、書籍の編集を行う。

1981年　株式会社橘川幸夫事務所を設立。企業コンサル活動を行う。

1983年　定性調査を定量的に処理する「気分調査法」を開発。

1990年　草の根BBS「CB-NET」を立ち上げ、運営責任者。

1993年　NIFTY-Serveの「FMEDIA」のシスオペを勤める。

1996年　株式会社デジタルメディア研究所を設立。インターネット・メディア開発、学校・企業などのコンサルテーションなどを行う。

2005年　私塾「リアルテキスト塾」を開講、塾長。現在、20期。

2006年　文部科学省の「新教育システム開発プログラム」に「ODECO」が採択され、開発・運用。

2008年　「インターネット時代の新体詩運動」として「深呼吸する言葉ネットワーク」を推進。

2013年　参加型トークライブ・フェス「未来フェス」を開始。全国各地で実施。

2014年　多摩大学 経営情報学部 客員教授に就任。

2019年　一般社団法人未来フェスを設立。代表理事就任。

2020年　アフターコロナ総研（仮）を立ち上げる。

原稿執筆、講演など多数。

＜著作＞

『企画書』('80/宝島社)『メディアが何をしたか?』('84/ロッキングオン社)『ナゾのヘソ島』('88/アリス館)『一応族の反乱』('90/日本経済新聞社)『生意気の構造』('94/日本経済新聞社)『シフトマーケティング』('95/ビジネス社)『21世紀企画書』('00/晶文社)『インターネットは儲からない!』('01/日経BP社)『暇つぶしの時代』('03/平凡社)『やきそばパンの逆襲』('04/河出書房新社)『風のアジテーション』('04/角川書店)『自分探偵社』('04/オンブック)『ドラマで泣いて、人生充実するのか、おまえ。』('08/バジリコ)『希望の仕事術』('10/バジリコ)『森を見る力』('14/晶文社)『ロッキング・オンの時代』('16/晶文社)

「未来叢書1」
参加型社会宣言
22世紀のためのコンセプト・ノート

2020年7月1日 初版発行
2020年8月1日 第二版発行

発行 デジタルメディア研究所
〒152-0002 東京都目黒区鷹番1-2-10東西ハイツ110号室

販売 メタ・ブレーン
〒150-0022 東京都渋谷区恵比寿南3-10-14 コープ恵比寿214号室
TEL/03-5704-3919 FAX/03-5704-3457
Mail/info@web-japan.to

著書 橘川幸夫
装丁 佐伯亮介
図版 越智智子
協力 新角耕司 前川珠子 竹越和貴 田中洋一 酒井弘樹 赤田祐一 広本公朗
クラウドファンディング支援者126人の皆様
